DERECHOS HUMANOS PARA EMPRENDEDORES

CÉSAR ROGELIO CORTÉS GUEDEA

BARKER & JULES

BARKER & JULES®

Derechos Humanos para Emprendedores

Edición: Barker & Jules Books™
Corrección de estilo: Lic. Luz Estela Torres Lima.
Diseño de Portada: Juan José Hernández Lázaro | Barker & Jules Books™
Diseño de Interiores: Juan José Hernández Lázaro | Barker & Jules Books™

Primera edición - 2021

I.S.B.N. | 978-1-64789-412-2
I.S.B.N. eBook | 978-1-64789-413-9

BARKER & JULES, LLC
2248 Meridian Blvd. Ste. H, Minden, NV 89423
barkerandjules.com

CONTENIDO

AGRADECIMIENTOS

El autor extiende su agradecimiento al Ing. José Antonio Cortés Guedea y al Instituto de Derechos Humanos en las Empresas, A.C., por su participación activa y comprometida en el proyecto que da origen al presente documento.

DEDICATORIAS:

A Grecia, Irlanda, Zamira, Emmanuel y Emilio.

INTRODUCCIÓN

Las corrientes humanistas en los negocios han impulsado de manera importante cambios en el escenario empresarial actual, lo cual ha generado que los emprendedores tengan que poner especial atención en el respeto a los derechos humanos. El respeto a los derechos humanos les permite, entre otras cosas, proyectar una imagen positiva de su negocio, construirse una reputación sólida y orientar sus proyectos actuales o futuros considerando que sus posibles clientes cada día exigen nuevos valores a las empresas como la transparencia, la sostenibilidad y el compromiso social.

En un mundo cada vez más transparente, las empresas con las que el emprendedor va a interactuar están bajo una creciente presión para mostrar que respetan los derechos humanos en sus operaciones y cadenas de valor, "eso significa demostrar que no están vulnerando la dignidad y el bienestar de las personas al realizar su trabajo, que es legítimo, y generar los empleos, riqueza y crecimiento que benefician a todas las sociedades" (Shift and Mazars, 2015, p. 12). Los propietarios y directivos de muchos negocios exitosos admiten que las empresas son un actor importante en el respeto de los derechos humanos y, así, lo que sus compañías hacen o no hacen afecta esos derechos; además, opinan que los derechos humanos son una cuestión que concierne tanto a las empresas como a los gobiernos, "cientos de empresas publican ahora políticas de derechos humanos e incorporan los derechos humanos en los procesos relevantes de la empresa" (Monash University, 2017, p. ix).

En consecuencia, los emprendedores actuales se encontrarán con que existe una creciente demanda de mayor divulgación formal por parte de las empresas en relación con su desempeño en derechos humanos. Según Shift and Mazars (2015), esta demanda tiene distintos orígenes:

- **Consumidores** que, con mayor frecuencia, utilizan información acerca de cómo las empresas abordan los impactos sobre los derechos humanos al tomar sus propias decisiones de compra.
- **Clientes de negocios** que buscan seguridad en las empresas que les suministran bienes y servicios para no quedar expuestos a riesgos relacionados con los derechos humanos.
- **Trabajadores y potenciales empleados,** quienes requieren pruebas de que sus empleadores reflejan sus valores y gestionan sus negocios de manera que puedan sentirse orgullosos.
- **Inversionistas** que exigen mayor transparencia en esta área de desempeño de la empresa, vinculada con estrategias de inversión social responsable y con la evidencia existente de que aquellas empresas que plantean riesgos para los derechos humanos también ponen en peligro su propio éxito.

- **Autoridades gubernamentales y organismos nacionales e internacionales** que necesitan verificar la identificación y gestión de riesgos sobre derechos humanos por parte de la empresa antes de conceder apoyos para créditos o contratos.
- **Instituciones financieras** con exigencias muy parecidas a las señaladas anteriormente para las empresas que buscan diversas formas de financiamiento.
- **Bolsas de valores** en búsqueda de información sobre el desempeño de las empresas en el tema de sostenibilidad, incluyendo el cumplimiento en cuestión de derechos humanos.
- **Reguladores** que requieren de las empresas información sobre su desempeño en derechos humanos en sus informes anuales o en informes de sostenibilidad.
- **Otras partes interesadas**, incluyendo comunidades que son impactadas, trabajadores, sindicatos y organizaciones no gubernamentales que buscan mayor divulgación como condición para la concesión a las empresas de una *licencia social* para operar. Sin esta licencia, las empresas pueden enfrentar graves daños a la reputación, perder oportunidades de negocio, tener interrupciones en sus operaciones e incluso litigios.

Es importante señalar que las empresas, al ser entidades legalmente constituidas, pueden obtener permisos para operar en cualquier región o país; sin embargo, para obtener éxito no será suficiente contar con una autorización legal, es necesario contar también con una *licencia social para operar*, esto significa que las empresas pueden legítimamente seguir desarrollando su actividades si sus valores están aliados con los valores fundamentales de la sociedad en donde operan, lo cual puede traducirse en la práctica en que si la sociedad retira su consentimiento a la empresa para operar por haber cometido violaciones de derechos humanos, la autorización legal tendrá poco valor.

Cabe mencionar que existen innumerables casos de empresas que han cerrado sus operaciones o han tenido grandes pérdidas debido a protestas de las comunidades locales o huelgas de sus trabajadores por violaciones a los derechos humanos, de ahí la importancia de reconocer que las empresas son parte de la sociedad.

Los emprendedores necesitan aprender de las prácticas exitosas de empresas rentables y competitivas, conscientes de que el respeto por los derechos humanos no tiene por qué deteriorar su capacidad para competir en los mercados. La actividad económica de los negocios no debe producirse a costa de ignorar los derechos de las personas más vulnerables. El colocar primero *lo económico* frente a lo social o al tema ambiental pone en peligro la sostenibilidad de un sistema global, y esto es lo que las empresas deben evitar; así procurarían la existencia de una economía más justa que permita el desarrollo equitativo de las sociedades y de sus ciudadanos.

Es así que "la idea de emprender un proyecto con la capacidad de contribuir de manera positiva en la promoción y protección de los derechos humanos en su área de influencia, previendo, diseñando, implementando y evaluando operaciones, procesos y relaciones en clave de derechos humanos" (Candela, Macías, Fernández, De la Cuesta, y Pardo, 2015, p. 7) es una de las características que los emprendedores deben imprimir en sus negocios para estar conscientes de que las empresas contribuyen de manera importante al crecimiento económico de una sociedad y se han convertido en un vehículo esencial para el desarrollo humano, ayudando a respetar los derechos humanos. Un número cada vez mayor de empresas también realiza una contribución sustantiva a los derechos humanos al incorporar las normas de estos en sus políticas y prácticas empresariales.

Las actividades empresariales pueden plantear riesgos para el disfrute de los derechos humanos, por ejemplo, al no reconocer el derecho de los trabajadores a formar sindicatos. "La experiencia demuestra que las empresas pueden infringir los derechos humanos y de hecho lo hacen cuando no prestan suficiente atención a las consideraciones de derechos humanos" (Monash University, 2017, p. xiii). Cada vez hay más pruebas de que las empresas se benefician del respeto de los derechos humanos. Estos beneficios incluyen no solo la mejora de la gestión de riesgos en relación con los juicios de carácter legal, sino también la reducción de las probabilidades de perturbaciones empresariales, campañas públicas y críticas, daño a la reputación y daño a la retención y contratación de empleados. Es así que las empresas que respetan los derechos humanos "obtienen un mayor acceso a las oportunidades comerciales con los gobiernos, los financieros y los clientes y compradores de empresas, que reconocen cada vez más el riesgo reducido para sí mismos cuando trabajan con una empresa que gestiona efectivamente los riesgos para los derechos humanos" (Shift and Mazars, 2015, p. 12).

Pudiera pensarse que la preocupación de las empresas por respetar los derechos humanos se presenta en países o regiones de extrema pobreza o en donde el desarrollo social y económico es precario o que solo atañe a las compañías globales; sin embargo esta idea es equivocada, ya que la responsabilidad que las empresas tienen por respetar los derechos humanos es de interés para todas en cualquier parte del mundo. En el caso de México, las empresas más exitosas, no solo a nivel nacional sino mundial, desde hace tiempo han incorporado dentro de sus actividades cotidianas, tanto en el país como en sus operaciones en el extranjero, el respeto a los derechos humanos. Para estas compañías el respetar los derechos humanos es otro de los indicadores que incluyen en sus reportes anuales dirigidos a sus accionistas, directivos, personal y opinión pública.

Un ejemplo de lo antes mencionado es el caso de **Grupo Bimbo** que tiene su plataforma de responsabilidad social *Sembrando Juntos,* en donde uno de sus pilares es el cuidado de los derechos humanos, y el respeto a ellos forma parte de sus estrategias e indicadores clave de desempeño; todo esto con el propósito de "Construir una empresa sustentable, altamente productiva y plenamente humana".

Otro ejemplo es **FEMSA - Coca Cola** que, dentro de su Código de Ética de Negocios, contempla los derechos humanos dedicando un número importante de horas al año en capacitación sobre el tema, la cual está dirigida principalmente al respeto, a la dignidad humana y a la diversidad e inclusión. También cuentan con estrategias bien desarrolladas para que se cumplan los principios y derechos fundamentales en el trabajo. Es de relevancia que esta empresa mantiene un sistema de comunicación sobre conductas contrarias a su código de ética o que atenten contra la dignidad humana, denominado *DILO*, el cual no solo puede ser usado por los empleados de la empresa, sino que amplía su alcance a los proveedores para que denuncien acciones que puedan poner en riesgo el cumplimiento de los derechos humanos.

Un ejemplo más es **GRUPO CARSO** que aborda el respeto a los derechos humanos desde distintos ángulos. El primero de ellos es reconocer que existen diversos grupos de interés relacionados con los derechos humanos, razón por la cual abre canales de comunicación internos y externos que generen el involucramiento y promuevan relaciones de confianza a largo plazo con comunidades, proveedores, sociedad civil, clientes, contratistas, inversionistas, instituciones (financieras, públicas y académicas), colaboradores y sindicatos. Otro ángulo es el relativo al establecimiento y vigilancia de cumplimiento a su Código de *Ética* y Políticas, el cual se alinea con la declaración de la Organización Internacional del Trabajo (OIT) en cuanto a los principios y derechos fundamentales en el trabajo, con lo que se pronuncia en contra de la discriminación, el trabajo infantil y el trabajo forzado, no solo en las empresas que forman parte del grupo, sino también en su cadena de valor. Un ángulo adicional es el Programa de Certificación de

Norma CRESE de Calidad Humana y Responsabilidad Social que consiste en un conjunto de procesos para llevar un control de todos los programas que tienen como objetivo mejorar la calidad de vida del personal y de sus familias con una visión humanista.

Como último ejemplo está **CEMEX**, empresa que forma parte del grupo de 100 empresas firmantes del Pacto Mundial de las Naciones Unidas que, entre otras cosas, la compromete a respetar los derechos humanos. Producto de ese compromiso, Cemex genera su Código de *Ética* y Conducta en donde incluye el respeto a los derechos humanos, y también realiza cursos de formación para los empleados en dicho tema. Asimismo, efectúa campañas de comunicación globales para proporcionar información y crear conciencia sobre los derechos humanos; también es importante señalar que ha estado ampliando sus programas y mecanismos de notificación sobre riesgo relacionados con derechos humanos.

Por todo lo anterior, el propósito de este documento es explicar la relación que existe entre la empresa y los derechos humanos, el significado de los derechos humanos universalmente reconocidos de una manera que tenga sentido para los emprendedores, cómo los derechos humanos pueden ser relevantes para sus actividades y qué pueden hacer para cumplir con su responsabilidad de respetarlos. Pero, sobre todo, la intención es generar en el emprendedor la consciencia de que todas las personas son dignas de respeto, sean quienes sean o vivan donde vivan, por lo que no será correcto que se les trate como meros instrumentos para lograr el éxito económico.

El emprendedor se encontrará con empresas que respetan los derechos humanos porque ello maximizará su éxito económico a largo plazo. En tal caso, sin embargo, su razón para observar los derechos humanos no es la consideración hacia la persona que los posee, sino porque así le irá mejor a la empresa. Es importante recordar a los empresarios que el respeto a los derechos humanos no se fundamenta en lograr el éxito de la empresa, sino en acatarlos porque todas las personas son merecedoras de dignidad y consideración. Es decir, respetar los derechos humanos debe ser motivado porque está bien hacerlo, no porque sea útil, placentero o conveniente.

EMPRESAS Y DERECHOS HUMANOS

Es de suma importancia para los emprendedores que buscan en sus empresas que se respeten los derechos humanos, comprender la relación que guardan entre sí. En tal sentido es relevante en estos momentos señalar el concepto de derechos humanos:

> El concepto de derechos humanos es tan simple como poderoso: **que las personas tienen derecho a ser tratadas con dignidad**. Los derechos humanos son inherentes a todos los seres humanos, independientemente de su nacionalidad, lugar de residencia, sexo, origen nacional o étnico, color, religión, idioma o cualquier otra condición. Toda persona tiene derecho a disfrutar de los derechos humanos sin discriminación. Todos estos derechos están interrelacionados, son interdependientes e indivisibles (Monash University, 2017, p. ix).

Lo anterior significa que los derechos humanos son derechos inseparables al ser humano sin distinción alguna de nacionalidad, lugar de residencia, género, origen nacional o étnico, color de piel, religión, lengua o cualquier otra condición. Todos tenemos los mismos derechos humanos, sin discriminación alguna.

Para tener mayor claridad sobre los derechos humanos, es conveniente para el emprendedor saber que los sujetos o titulares de derechos humanos pueden ser:

- **La persona humana** que, por excelencia, es el sujeto o titular primario de los derechos humanos y libertades fundamentales.
- **Los grupos sociales** como los niños, niñas y adolescentes, mujeres, trabajadores, personas con discapacidades, personas migrantes y refugiadas, grupos étnicos y religiosos, etc.; quienes poseen derechos y libertades como grupo de personas.
- **Los pueblos**, entendidos como el conjunto de personas de un lugar, región o país que gozan de derechos humanos muy específicos como lo son el derecho a la autodeterminación, el derecho al desarrollo humano o el derecho a la paz.

De igual manera, es necesario identificar que los derechos humanos se clasifican en:

- **Derechos Civiles y Políticos (DCP)** que son señalados como derechos individuales, ya que están destinados a la protección del ser humano individualmente considerado contra cualquier violación de parte de autoridades o de particulares (por ejemplo, las empresas). Imponen a quienes representan o forman parte de cualquier gobierno el deber de abstenerse de interferir en el ejercicio y pleno goce de estos derechos.
- **Derechos Económicos, Sociales y Culturales (DESC)**, cuya característica es que poseen una dimensión

colectiva debido a que su objetivo primordial consiste en satisfacer un derecho individual, pero con proyección a la satisfacción del bien común (salud, trabajo, seguridad social, educación, vivienda, alimentación, etcétera).

- **De los Pueblos/Solidaridad** que contemplan al ser humano en su universalidad y buscan garantías para la humanidad como un todo. Estos derechos consideran cuestiones de carácter supranacional como el derecho a la paz y a un medio ambiente sano.

En México, los derechos humanos están expresados y garantizados por distintas leyes (constitución y leyes federales básicamente), tratados internacionales y por otras fuentes de derecho (interpretaciones, decisiones de jueces nacionales e internacionales, etc.). Particularmente estamos hablando de:

- Constitución Política de los Estados Unidos Mexicanos.
- Carta Internacional de los Derechos Humanos que comprende el Pacto Internacional de Derechos Civiles y Políticos (PIDCP) y el Pacto Internacional de Derechos Económicos, Sociales y Culturales (PIDESC).
- Principios y Derechos Fundamentales en el Trabajo de la OIT.
- Convención Americana sobre Derechos Humanos.
- Protocolo Adicional a la Convención Americana sobre Derechos Humanos en Materia de Derechos

Económicos, Sociales y Culturales (Protocolo de San Salvador).

Los tratados internacionales de derechos humanos antes mencionados, generalmente no imponen obligaciones jurídicas directas para las empresas; sin embargo, la interpretación que se haga de dichos tratados por los órganos competentes (principalmente jueces), sí puede, en un momento dado, establecer obligaciones directas a las empresas; o bien, el Estado mexicano, a través de los legisladores, traduce sus obligaciones del derecho internacional de los derechos humanos en leyes y hace que entren en vigor, obligando en consecuencia a las empresas a acatarlas.

De hecho, las leyes mexicanas, incluyendo la Constitución, incorporan varias medidas de protección originadas en los tratados internacionales contra los abusos a los derechos humanos por parte de las empresas; por ejemplo, el artículo 123 constitucional, la Ley Federal del Trabajo, la Ley General de Salud, la Ley del Instituto Mexicano del Seguro Social, la Ley del Equilibrio Ecológico y la Protección al Medio Ambiente, la Ley Federal para Prevenir y Evitar la Discriminación, y otras similares. No obstante, las leyes mexicanas pueden no abordar todos los derechos humanos internacionalmente reconocidos, pueden ser débiles, pueden no ser aplicables a todas las personas y pueden no ser aplicadas de manera efectiva por las autoridades y los tribunales.

Es en este sentido que los Principios Rectores sobre las Empresas y los Derechos Humanos expresan que cuando las leyes nacionales (en nuestro caso, las leyes mexicanas) sitúan por debajo el estándar de los derechos humanos internacionalmente reconocidos, las empresas deben respetar las normas internacionales; y cuando las leyes nacionales están en conflicto con dichas normas, las empresas deben buscar maneras de respetar los principios de estas normas dentro de los límites de la legislación nacional.

Un ejemplo de lo anterior pudiera ser que la Ley Federal del Trabajo ofrezca menor protección a un derecho humano (derechos sindicales), en comparación con los Principios y Derechos Fundamentales en el Trabajo de la Organización Internacional del Trabajo, por lo que la empresa deberá respetar y cumplir lo que marcan los Principios y Derechos Fundamentales sin contradecir los principios que marca la Ley Federal del Trabajo. Por lo tanto, como lo menciona Shift and Mazars (2015), los derechos humanos internacionalmente reconocidos son importantes para la empresa más allá del mero cumplimiento de la ley.

Las actividades de las empresas pueden provocar afectaciones, ya sea de forma positiva o negativa, en el disfrute de los derechos humanos de las personas. La experiencia demuestra que las empresas pueden y han violado los derechos humanos cuando no prestan atención a esta posibilidad. "En virtud de ello, se espera que las empresas se aseguren de que no interfieren con el disfrute de los derechos humanos y, si una empresa descubre que ha interferido con los mencionados derechos, debe tomar medidas correctivas" (Universidad para la Paz, 2015, p. 36).

Del mismo modo, cuando se solicita a las empresas que apoyen los derechos humanos, significa que se requiere que realicen una contribución relevante en la medida de sus posibilidades, por ejemplo, apoyando iniciativas relacionadas con los derechos humanos en las comunidades donde operan. Es necesario aclarar que a las empresas no se les pide ni se espera que asuman una obligación del gobierno para garantizar el cumplimiento de algún derecho humano, por ejemplo, el derecho a la salud.

Hay que señalar que las empresas pueden vulnerar los derechos humanos de sus trabajadores y de los empleados de sus contratistas, de sus clientes y de su cadena de suministro, de las comunidades alrededor de sus operaciones y de las personas usuarias finales de sus productos o servicios. Pueden tener un impacto directo o indirecto en prácticamente todo el espectro de derechos humanos internacionalmente reconocidos. Es por ello por lo que se hace necesario identificar cuáles son los derechos humanos internacionalmente reconocidos que las empresas deben respetar.

La Organización de las Naciones Unidas (ONU), al publicar los Principios Rectores sobre las Empresas y los Derechos Humanos (Principios Rectores) contempló que los derechos humanos contenidos en la Carta Internacional de los Derechos Humanos y los convenios fundamentales de la OIT comprenden la base mínima de derechos que las empresas deben respetar y servir para que organicen sus actividades en torno a respetarlos. Tales derechos se expresan en la siguiente tabla.

DERECHOS HUMANOS INTERNACIONALMENTE RECONOCIDOS

Derecho al trabajo	**Derecho a una vida familiar**	**Derecho a un juicio justo**
Derecho a disfrutar de condiciones dignas y satisfactorias de trabajo	Derechos de protección para el niño	Derecho a participar en la vida pública
Derecho a formar y unirse a un sindicato y derecho a la huelga (Derechos sindicales)	Derecho a un nivel de vida adecuado	Derechos de las minorías
Derecho a la seguridad social, incluyendo el seguro social	Derecho a la salud	Derecho de las personas detenidas a un trato humano
Derecho a la libertad de reunión	Derecho a la educación	Derecho a la libertad de movimiento
Derecho a la libertad de asociación	Derecho a la vida	Derecho a ser reconocido como persona ante la ley
Derecho a la igualdad ante la ley, igualdad de protección de la ley y derechos de no discriminación	Derecho a no ser sometido a torturas, tratos crueles, inhumanos y/o degradantes o castigos	Derecho a no ser sujeto a ir a prisión por incapacidad para cumplir con un contrato
Derecho a la privacidad	Derecho a no ser sometido a esclavitud, servidumbre o trabajo forzoso	Derecho de los extranjeros al debido proceso ante una situación de deportación

Derechos a la libertad de pensamiento, conciencia y religión	Derecho a participar en la vida cultural, beneficiarse del adelanto científico, y a la protección de derechos materiales y morales de autor e inventor	Derecho a estar libre de la ley penal retroactividad
Derechos a la libertad de opinión y expresión	Derechos a la libertad y seguridad de la persona	Derecho de autodeterminación
Derecho de protección de la familia y el derecho a casarse	Derechos a la libertad contra la propaganda de guerra y contra la incitación al odio racial, religioso o nacionalista	

Es importante mencionar que los derechos humanos expresados en esta tabla, además de ser internacionalmente reconocidos, en México, la Constitución Federal y diversas leyes (federales y locales) también los reconocen y establecen mecanismos para su protección. Ejemplo de ello son los derechos al trabajo, a disfrutar de condiciones dignas y satisfactorias de trabajo, a formar y unirse a un sindicato, y a la huelga; los cuales se reconocen y protegen en la Constitución Mexicana y en la Ley Federal del Trabajo.

Las actividades de las empresas no necesariamente tienen un impacto en todos los derechos humanos enunciados en la tabla anterior, dependerá en gran medida del tipo de actividades de estas, por lo que algunas empresas le prestarán más atención a unos derechos que a otros. Más adelante hablaremos sobre el significado de cada uno de los derechos humanos y el impacto que en ellos pueden tener las empresas; pero en principio, cualquier empresa podría ocasionar o contribuir a provocar un impacto negativo sobre cualquier derecho humano internacionalmente reconocido.

De igual forma, hay que precisar a los emprendedores que dependiendo de las circunstancias de sus operaciones, las empresas podrían necesitar considerar normas de derechos humanos adicionales a las que hemos mencionado en párrafos anteriores para garantizar que se respeten los derechos humanos de las personas desfavorecidas, marginadas o excluidas de la sociedad y, por lo tanto, especialmente vulnerables a los impactos sobre sus derechos humanos, tales como niños, mujeres, pueblos indígenas, personas pertenecientes a una etnia u otras minorías, o personas con discapacidad.

Ante la larga lista de derechos humanos que hay que distinguir y comprender, de cómo las actividades y las relaciones comerciales de una empresa pueden afectar los derechos humanos, y cómo la empresa debe asegurarse de prevenir o mitigar el riesgo de impactos negativos hacia dichos derechos; cabría entonces la pregunta que en estos momentos estarán haciéndose los emprendedores: ¿cuáles son los beneficios para las empresas que respetan los derechos humanos? Para dar respuesta a esta pregunta mostraremos lo que mencionan Shift and Mazars (2015) y Monash University (2017) al señalar que los beneficios y oportunidades para las empresas que son reconocidas como respetuosas de los derechos humanos incluyen:

- Les permite tener una **mejor forma de gestionar los riesgos** de impacto negativo hacia los derechos humanos, lo que posibilita una reducción sustantiva de las probabilidades de tener interrupciones en las operaciones, campañas y críticas públicas, litigios, daños en la reputación, y perjuicio en la retención y la contratación de personas empleadas.
- **Crecen las oportunidades de negocio** con los gobiernos, entidades financieras, clientes y compradores, quienes reconocen cada vez más la disminución del riesgo para sí mismos cuando se trabaja con una empresa que, de manera efectiva, administra los riesgos para los derechos humanos.
- **Reconocimiento positivo** de la mejora de la empresa en su desempeño en derechos humanos y de sus esfuerzos para abordar los retos, incluso de los inversores socialmente responsables y de las organizaciones de la sociedad civil.
- **Se enriquecen las relaciones** con los trabajadores, comunidades y otras partes interesadas en la sociedad, dando como resultado una mayor confianza y una *licencia social* más sólida para operar.
- Una mejor aptitud para **salvaguardar su reputación** cuando se producen impactos negativos, dado que hay un mejor conocimiento público de sus esfuerzos para evitar tales incidentes.

- Una mejor **capacidad para reclutar** a la próxima generación de líderes jóvenes, quienes cada vez más ponen foco en el desempeño de las empresas en esta área.
- Una **ventaja comparativa** con un creciente número de bolsas de valores y entidades financieras públicas y privadas que analizan el desempeño no financiero de las empresas, incluyendo la cuestión de los derechos humanos.

Como podrá observar el emprendedor, existe una importante relación entre la empresa y los derechos humanos, no solo en lo legal o jurídico, sino también en lo relativo a los propósitos y objetivos del negocio.

CONCEPTOS FUNDAMENTALES

Si al emprendedor le ha quedado claro que existe una relación entre las empresas y los derechos humanos, debe entonces familiarice con ciertos conceptos que se derivan de dicha relación, permitiendo ello, según ACNUDH (2012) y Shift and Mazars (2015), construir las políticas y los procesos que la organización ha de poner en práctica para asegurarse de que respetan los derechos humanos.

En este apartado se abordan los conceptos fundamentales que utiliza la ONU, asociándolos alternativamente con dos ejemplos de empresas que a todo emprendedor le facilita su comprensión por el hecho de tener o haber tenido en infinidad de ocasiones contacto con ellas. Estamos hablando de una pequeña escuela primaria privada y de un también pequeño restaurante. A continuación, entonces, se plasma el concepto fundamental seguido de un breve ejemplo del mismo (en letra cursiva) relacionado con la escuela primaria o el restaurante.

Actividades comerciales o del negocio

Se refiere a todo lo que una empresa hace para cumplir con la estrategia, propósito, objetivos y decisiones del negocio. Esto puede incluir actividades tales como fusiones y adquisiciones, investigación y desarrollo, diseño, construcción, producción, distribución, compras, ventas, prestación de seguridad, contratación, actividades de recursos humanos, marketing, gestión de relaciones externas/de gobierno incluyendo cabildeo (*lobbying*), compromiso con las partes interesadas, reubicación de las comunidades, inversión social y las actividades de las funciones legales y financieras, entre otros.

Este concepto asociado con la institución educativa significaría que son todas las actividades que la escuela desarrolla para brindar la educación primaria que les ofreció a los padres de familia de los niños que asisten a dicha escuela. Las mismas van desde impartir clases de calidad, cumplir con cada uno de los programas de las materias o asignaturas que se ofertan, desarrollar adecuadamente todas las acciones académicas, deportivas y culturales, contratar profesores, contratar servicios (agua, luz, gas, internet, seguridad, contabilidad), contratar personal administrativo, celebrar contratos de arrendamiento y compraventa, hasta abrir cuentas bancarias.

Cadena de valor

Abarca las actividades que convierten insumos en un producto con valor agregado. Incluye a las entidades con las que tiene relación comercial directa o indirecta y que suministran productos o servicios que contribuyen a los productos o servicios de la empresa o reciben productos o servicios de la empresa.

Este concepto asociado con el restaurante significaría la selección e interacción con todos sus proveedores de materia prima (carne, pollo, marisco, verdura, fruta, aceite, especias, etc.) que le permiten elaborar y servir a sus comensales los platillos con la calidad que lo solicitan para comer ahí mismo; así como elección y colaboración con proveedores del servicio de entrega con el fin de llevar sus platillos hasta donde lo requieran los clientes en las condiciones de calidad para ser degustados.

Relaciones comerciales

Son las relaciones que una empresa mantiene con sus socios comerciales, las organizaciones que participan en su cadena de valor y cualquier otra entidad de gobierno o particular directamente relacionada con sus operaciones comerciales, productos o servicios. Se incluyen las relaciones comerciales indirectas dentro de su cadena de valor más allá de las de primer nivel y las participaciones, mayoritarias o minoritarias, en empresas conjuntas.

Las relaciones comerciales que mantiene la escuela primaria principalmente son con los padres de familia de sus alumnos actuales y potenciales, ya que ellos son los que pagan por su servicio; pero también con sus proveedores de bienes y servicios, así como con toda aquella persona o empresa que le permite brindar con calidad el servicio educativo.

Socio comercial

Entidades con las que una empresa tiene alguna forma de relación directa y formal con el fin de satisfacer sus objetivos de negocio. Esto incluye, pero no se limita, a las relaciones contractuales. Los ejemplos incluyen socios de proyectos conjuntos (*joint venture*), proveedores, concesionarios o licenciatarios, clientes de negocios, clientes, gobiernos, proveedores, contratistas y consultores.

El restaurante tiene una relación directa y formal con diversos socios (personas o empresas) al celebrar con ellos contratos (compra-venta, arrendamiento, servicios públicos, servicios profesionales o servicios de cualquier tipo) que le permiten desarrollar su actividad comercial.

Contexto operativo

Es el lugar en el cual una empresa realiza actividades de negocios. Puede referirse a un país, región dentro de un país o una zona local.

En nuestro ejemplo sería la colonia o fraccionamiento y la ciudad en donde la escuela primaria trabaja.

Empleado/Trabajador

Se trata de cualquier persona que realiza un trabajo en beneficio de otra con la expectativa de retribución y que está en una relación de subordinación o dependencia. La determinación de una relación de trabajo debe basarse en los hechos, con independencia de la existencia de un contrato o cualquier caracterización alternativa.

Para el restaurante, sus empleados son quienes trabajan en las actividades directas del negocio; es decir, en la cocina, sirviendo en las mesas, limpiando los platos, cobrando las cuentas de los clientes, etc.; esto es, todos aquellos que están subordinados al dueño del restaurante o quien lo administra en su nombre, y que no tienen la libertad de decidir dentro del restaurante a qué hora entrar y salir de trabajar, qué hacer, cómo hacerlo y cuándo hacerlo.

Trabajador externo

Cualquier persona que realiza un trabajo en beneficio de un empleador principal, aunque la relación de trabajo sea directamente con una tercera parte. Se usa el término *trabajador externo* para referirse a los trabajadores de terceras partes con los que la empresa tiene una relación comercial directa o indirecta.

Un restaurante puede contratar los servicios de una empresa especializada para entregar sus platillos o alimentos a domicilio, por lo que las personas que físicamente hacen las entregas no son empleados o trabajadores del restaurante, sino de la otra empresa; esto es, trabajadores de un contratista.

Derechos humanos

Los derechos inherentes a todas las personas y que se encuentran reconocidos en las normas mexicanas e internacionales básicas encaminadas a garantizar la dignidad y la igualdad para todos los individuos; cada ser humano tiene derecho a disfrutar de ellos sin discriminación. Además de los contemplados en la Constitución Mexicana, incluyen los derechos contenidos en la Carta Internacional de Derechos

Humanos, lo que significa la Declaración Universal de los Derechos Humanos, el Pacto Internacional de Derechos Civiles y Políticos y el Pacto Internacional de Derechos Económicos, Sociales y Culturales. Comprende también los principios relativos a los derechos fundamentales enunciados en la Declaración de la Organización Internacional del Trabajo relativa a los Principios y Derechos Fundamentales en el Trabajo.

Los derechos humanos que las empresas deben respetar no tienen su origen solamente en leyes mexicanas, sino también en normas (tratados) internacionales; ni tampoco tiene relación su respeto con la actividad o tamaño de la empresa, por lo que el hecho de que una escuela o restaurante sean pequeñas empresas mexicanas no las exenta de cumplir con normas internacionales que garantizan la dignidad y la igualdad para todas las personas.

Principios Rectores sobre las Empresas y los Derechos Humanos de las Naciones Unidas

Se trata de un conjunto de 31 principios que establecen los roles respectivos de los gobiernos de los países y de las empresas para garantizar que estas respeten los derechos humanos en su actividad y a través de sus relaciones comerciales. Los Principios Rectores fueron respaldados por el Consejo de Derechos Humanos de las Naciones Unidas en el año 2011.

Son las bases y reglas que guían a las empresas de cualquier tamaño, actividad y parte del mundo a cumplir con su obligación de respetar los derechos humanos.

Riesgos relacionados con los derechos humanos

Se entienden como riesgos de una empresa relacionados con los derechos humanos, los que se corren cuando sus actividades puedan acarrear uno o más impactos negativos sobre tales derechos. Así pues, guardan relación con su impacto potencial sobre los derechos humanos. En la evaluación del riesgo tradicional influyen tanto los impactos de un suceso (su gravedad) como la probabilidad de que ocurra; en el contexto del riesgo relacionado con los derechos humanos, la gravedad es el factor predominante. La probabilidad, por su parte, puede ser importante a la hora de ayudar a establecer prioridades en el orden en que deben abordarse los posibles impactos negativos en determinadas circunstancias. Es importante entender que el riesgo de una empresa para los derechos humanos es el riesgo que su actividad plantea para esos derechos. Es distinto del riesgo que la implicación en unos impactos negativos sobre los derechos humanos pueda suponer para la empresa, aunque ambos están cada vez más estrechamente relacionados.

Una escuela primaria, por la actividad que desarrolla, tiene mayor riesgo de impactar negativamente en los derechos de protección para el niño, derecho a la privacidad, derechos a la libertad de pensamiento, conciencia y religión, derecho al trabajo, derecho a la educación, derecho a la salud, derecho a la seguridad social y derecho a condiciones justas y satisfactorias en el trabajo. En virtud de cómo la escuela desarrolla sus actividades puede generar que los impactos negativos sean más o menos probables, así como el número de ocasiones que se afecta negativamente a uno o varios derechos humanos. Si fuera el caso que el derecho de protección para el niño es el que tiene mayor probabilidad de ser impactado de manera negativa o el que recibe mayores impactos negativos, entonces es al que la escuela debe dar prioridad para atender.

Derechos humanos destacados

Son los derechos humanos que corren el mayor riesgo de recibir los impactos negativos más graves a través de las actividades o relaciones comerciales de la empresa, por lo tanto, varían de empresa a empresa.

Un restaurante, por la actividad que desarrolla y sus relaciones comerciales, tiene mayor riesgo de impactar negativamente en el derecho al trabajo, derecho a la salud, derecho a la seguridad social, derechos a la libertad de opinión y de expresión, derecho a condiciones justas y satisfactorias en el trabajo, derecho a la libertad de reunión, derecho a la libertad de asociación y derecho a formar y unirse a sindicatos y derecho a huelga. Consecuentemente, esos serán sus derechos humanos destacados.

Impacto negativo sobre los derechos humanos

Se entiende que se produce un impacto negativo sobre los derechos humanos cuando por razón de un acto se elimina o se reduce la capacidad de una persona para disfrutar de ellos.

Si la escuela no promueve y supervisa que los niños no sufran acoso físico o psicológico, entonces está permitiendo que los niños no disfruten plenamente de su derecho humano a la protección para el niño.

Impacto negativo potencial sobre los derechos humanos

Se trata de un efecto adverso que puede producirse, pero aún no se ha producido.

Si el restaurante deja pasar constantemente entre 2 y 10 días la fecha para recargar los extintores una vez que su carga se ha vencido, está generando la posibilidad de reducir la capacidad de sus empleados de gozar plenamente del derecho humano a condiciones satisfactorias en el trabajo.

Impacto negativo real sobre los derechos humanos

Se entiende por impacto negativo real sobre los derechos humanos un impacto negativo que ya se ha producido o se está produciendo.

Si la escuela, al momento de inscribir a los alumnos cuestiona a los padres de familia sobre su religión y la de su hijo (a) y en función de la respuesta permite o no la inscripción, está provocando un impacto negativo real sobre el derecho humano a la libertad de pensamiento, conciencia y religión.

Impacto negativo grave sobre los derechos humanos

Se define el impacto negativo grave sobre los derechos humanos en virtud de una o más de las siguientes características: su escala, alcance y posibilidad de reparación. Escala significa la gravedad del impacto para los derechos humanos. Alcance, el número de personas que son o podrían verse afectadas. La posibilidad de reparación significa la facilidad para devolver a las personas afectadas a una situación igual o similar a la situación de disfrute de sus derechos antes de sufrir los daños.

Si el restaurante tiene inscritos a todos sus empleados en el Instituto Mexicano del Seguro Social con un salario inferior al que perciben, se produce un impacto negativo grave. Es grave por la disminución que genera en cada uno de los beneficios que el instituto proporciona; también es grave porque afecta a todos los empleados. De igual forma es grave porque si alguno de los empleados tiene un accidente de trabajo, se complica la posibilidad de remediar la reducción de la pensión que debe recibir el empleado.

Responsabilidad de respetar los derechos humanos

La responsabilidad de una empresa en evitar infringir los derechos humanos de las personas, así como abordar y gestionar los impactos negativos con los que pueda estar implicada, tal y como se establece en los Principios Rectores de las Naciones Unidas sobre las Empresas y los Derechos Humanos.

La escuela asume su responsabilidad de respetar los derechos humanos por lo que desarrolla sus actividades evitando impactar negativamente los derechos humanos de las personas, pero si los impacta, por ejemplo el derecho a la protección del niño, tiene que hacerse responsable de las consecuencias de dicho impacto y replantear todas sus actividades para evitar volverlo a impactar negativamente.

Compromiso público de respetar los derechos humanos

Se realiza mediante una declaración de alto nivel ofrecida por una empresa que establece su intención de respetar los derechos humanos con la expectativa de ser responsable de lograr esa meta. Esta declaración es ampliamente difundida y está disponible para todo aquel que la quiera consultar.

El dueño o el administrador del restaurante hacen el compromiso público de respetar los derechos humanos por medio de una publicación en su sitio de internet y en sus redes sociales de un mensaje donde señala que es la intención de la empresa respetar los derechos humanos y que sus actividades estarán enfocadas en lograrlo.

Integración del respeto de los derechos humanos

Es el proceso a nivel macro que asegura que la responsabilidad de la empresa de respetar los derechos humanos permee o se difunda a través de la organización, en su cultura y valores empresariales. Requiere que todo el personal sea consciente del compromiso público de la empresa de respetar los derechos humanos, entender sus implicaciones en cuanto a cómo realizan su trabajo, que estén todas las personas capacitadas, facultadas e incentivadas para actuar de manera que apoyen el compromiso y lo consideren como intrínseco a los valores del lugar de trabajo. Así, la integración es un proceso continuo, generalmente impulsado desde la posición más alta de la empresa.

El dueño o director de la escuela, al tomar la decisión de integrar a la institución el respeto de los derechos humanos, se reúne con los empleados, con los padres de familia y con diversos socios comerciales para externarles el compromiso de la institución para respetarlos. Capacita y motiva a los empleados para realizar su trabajo respetando los derechos humanos; además realiza reuniones periódicas con los empleados para analizar y discutir sobre lo hecho o no hecho en torno a respetar los derechos humanos, así como para escuchar sus propuestas e implementarlas en función de su pertinencia.

Debida diligencia

Es el proceso de gestión continua del riesgo que una empresa razonable y prudente debe seguir para identificar, prevenir, mitigar y dar cuenta de cómo gestiona los impactos negativos sobre los derechos humanos. Incluye cuatro pasos clave: evaluación de impactos reales y potenciales de los derechos humanos; integración y acción sobre los resultados; seguimiento de las respuestas; y comunicación sobre cómo se gestionan los impactos.

La forma en que el administrador del restaurante realiza una debida diligencia es a través de desarrollar un plan para reconocer cuáles son los derechos humanos que pueden ser o son impactados negativamente por las actividades del negocio. Una vez identificados, implementa estrategias para que esos impactos no sucedan o se reduzcan. Posteriormente evalúa si las estrategias dieron resultado o no. Comunica los resultados a los empleados para señalar aciertos y áreas de oportunidad, así como para recibir propuestas. Utiliza los resultados para repetir y/o modificar estrategias. Este proceso lo realiza de manera continua para asegurarse de que se respetan los derechos humanos.

Prevención

La prevención de un impacto negativo sobre los derechos humanos se refiere a las medidas adoptadas para velar por que ese impacto no se produzca.

El director de la escuela ha detectado que las actitudes y acciones de los profesores pueden originar impactos negativos al derecho a la educación de los niños, por lo que, para evitarlos, desarrolla procesos de capacitación para los docentes y modifica sus procedimientos de selección.

Mitigación

La mitigación de los impactos negativos sobre los derechos humanos se refiere a las medidas adoptadas para reducir su magnitud, aunque los impactos negativos que puedan subsistir habrán de recibir reparación. La mitigación del riesgo relacionado con los derechos humanos se refiere a las medidas adoptadas para reducir la probabilidad de que se produzcan determinados impactos negativos.

El administrador del restaurante observó que en las actividades de la cocina se originan muchos de los impactos negativos al derecho humano a disfrutar de condiciones dignas y satisfactorias de trabajo, por lo que ha modificado la organización y procesos en la cocina reduciendo en gran medida los impactos negativos. En aquellos casos donde no ha podido evitarlos, continúa trabajando para que se eviten, mientras compensa a los afectados.

Reparación/Remedio

Los términos reparación y remedio se refieren a los procesos tendientes a reparar un impacto negativo sobre los derechos humanos y los resultados sustantivos que pueden contrarrestar o compensar ese impacto negativo. Esos resultados pueden adoptar diversas formas como disculpas, restitución, rehabilitación, compensaciones económicas o no económicas y sanciones punitivas (ya sean penales o administrativas, por ejemplo, multas), así como medidas de prevención de nuevos daños como, por ejemplo, los requerimientos o las garantías de no repetición.

Como consecuencia del desarrollo de ciertas actividades en la escuela primaria, se han generado impactos negativos en el derecho humano a la libertad de pensamiento, conciencia y religión de algunos niños y padres de familia; por lo que el director se ha reunido con los afectados y se ha disculpado, además de exponerles las medidas que la institución ha tomado para que los impactos no vuelvan a suceder.

Desempeño en derechos humanos

La medida en que una empresa logra el objetivo de prevenir y gestionar con eficacia los impactos negativos sobre los derechos humanos con los que pueda estar o ha estado involucrada.

El administrador del restaurante trimestralmente hace una evaluación sobre la eficacia de todas las acciones que se han emprendido para cumplir con el compromiso de la empresa de respetar los derechos humanos y, en consecuencia, conocer el grado de avance del objetivo que se planteó.

Divulgación

Toda la información publicada por una empresa con el fin de informar a los accionistas, socios y a otras partes o grupos interesados.

Cada semestre el director de la escuela primaria se reúne con los padres de familia y les muestra los resultados que se han obtenido en el cumplimiento del compromiso de respetar los derechos humanos, así como la forma en que se han logrado esos resultados.

Informe de sostenibilidad

Término genérico para un informe de la empresa que proporciona información acerca del desempeño de la misma en un número de dimensiones de sostenibilidad, tales como la económica, social, ambiental y asuntos corporativos y administrativos, incluidos los derechos humanos.

Trimestralmente el administrador del restaurante prepara un informe para el propietario sobre la situación que guarda el restaurante, en este informe incluye los resultados y avances que se han tenido con respecto al objetivo de respetar los derechos humanos.

Materialidad

El parámetro que se utiliza para determinar qué información revelará una empresa en sus informes oficiales. Las definiciones de lo que constituye ese parámetro varían considerablemente.

El director de la escuela primaria ha tomado la decisión de solo incluir en los resultados sobre los avances en el compromiso de respetar los derechos humanos que cada semestre muestra a los padres de familia, la información relativa a la prevención, mitigación y reparación de los derechos humanos que se han impactado negativamente; pero no así el número de impactos ni la frecuencia de estos.

Influencia

La capacidad de una empresa para influir en la modificación de las prácticas perjudiciales de otra parte (empresa, persona, socio comercial, etc.) que esté provocando impactos negativos para los derechos humanos o contribuyendo a ellas.

El restaurante se ha caracterizado por el elevado número de pedidos a domicilio que recibe, debido a ello, le ha solicitado a la empresa con la que ha contratado el servicio de entrega a domicilio que le garantice que los repartidores que entregan sus pedidos se encuentren registrados al Instituto Mexicano del Seguro Social, de lo contrario ya no continuará con la sociedad comercial.

Interesado/Interesado afectado

Se entiende por interesado cualquier persona que pueda afectar o verse afectado por las actividades de una organización. Por interesado afectado se infiere, entonces, específicamente cualquier persona cuyos derechos humanos se han visto dañados por las operaciones, productos o servicios de una empresa.

Como parte de las actividades de escuela primaria se ha impactado negativamente el derecho humano a la protección del niño de un solo alumno. Esto genera que ese alumno y sus padres sean interesados afectados porque es a ellos a quienes en esta ocasión se les dañó su derecho, pero los demás niños de la escuela y sus padres son interesados, ya que se les podría afectar en un momento determinado ese mismo derecho.

Consulta/participación de los interesados

Por consulta o participación de los interesados se entiende como un proceso continuo de interacción y diálogo entre una empresa y los interesados que podrían verse afectados en sus derechos humanos, lo que permite a la empresa escuchar, entender y dar respuesta a los intereses y preocupaciones de los interesados, incluso mediante enfoques de colaboración.

El administrador del restaurante, en su esfuerzo por mitigar los impactos negativos al derecho humano a disfrutar de condiciones dignas y satisfactorias que se originan en la cocina, semanalmente se reúne con el personal de esta para escucharlos sobre lo que opinan respecto a las acciones de mitigación que se han tomado y para conocer si tienen propuestas viables que puedan implementarse.

Complicidad

La jurisprudencia en materia de derecho internacional indica que el criterio pertinente para definir la complicidad es la *asistencia práctica prestada a sabiendas en la comisión de un delito o infracción, o la incitación con efectos relevantes sobre la comisión de este*. También hay actos de *complicidad* carentes de un carácter jurídico en aquellas situaciones en que una empresa se beneficia de los abusos cometidos por otros como, por ejemplo, cuando reduce sus costos porque en su cadena de suministro se aplican prácticas similares a la esclavitud o cuando no denuncia abusos relacionados con sus propias operaciones, productos o servicios, a pesar de que haya razones de principio para hacerlo. Aunque ningún tribunal ha declarado todavía culpable de complicidad a una empresa por ese tipo de participación en prácticas abusivas, la opinión pública no pone el listón tan alto y puede infligir a esas compañías perjuicios importantes.

El dueño de la escuela primaria le ha pedido al director que no inscriba a los profesores que trabajan en la escuela al Instituto Mexicano del Seguro Social y que, si algún profesor reclama, entonces lo inscriba a partir de esa fecha, pero solo a los profesores que hagan el reclamo. El director cumple con la instrucción, temeroso de que lo despidan y no denuncia a las autoridades laborales el impacto negativo al derecho humano a la seguridad social.

Violaciones graves de los derechos humanos

En el derecho internacional no existe una definición única de qué constituye una violación grave de los derechos humanos, aunque, en general, se considerarían incluidas las siguientes prácticas: el genocidio, las prácticas de esclavitud y similares a la esclavitud, las ejecuciones sumarias o arbitrarias, la tortura, las desapariciones forzadas, la detención arbitraria y prolongada y la discriminación sistemática. Otros tipos de violaciones de los derechos humanos, incluidos los derechos económicos, sociales y culturales, pueden considerarse también violaciones graves si son importantes y sistemáticas como, por ejemplo, las violaciones que se cometen en gran escala o se dirigen contra grupos concretos de la población.

El administrador del restaurante obliga a los empleados a trabajar tiempo extra cuando así lo requiere el servicio. Esta obligación la acompaña con amenazas de despedirlos si no trabajan el tiempo extra. Dicho tiempo no se los paga conforme lo marca la Ley Federal del Trabajo. Todo ello puede considerarse una violación grave a los derechos humanos.

Los derechos humanos y los delitos internacionales

Algunas de las violaciones más graves de los derechos humanos pueden ser constitutivas de delitos internacionales. Los Estados han definido esos crímenes en el Estatuto de Roma de la Corte Penal Internacional. Se trata del genocidio (actos perpetrados con la intención de destruir total o parcialmente a un grupo nacional, étnico, racial o religioso como tal); los crímenes contra la humanidad (ataques sistemáticos y generalizados contra la población civil entre los que figuran el asesinato, la esclavitud, la tortura, la violación, la persecución discriminatoria, etc.); los crímenes de guerra (tal como se definen en el derecho internacional humanitario); y el crimen de agresión.

Organizaciones de la Sociedad Civil (OSC)

Son entidades no pertenecientes al gobierno, sin ánimo de lucro, voluntarias, formadas por personas en el ámbito social que son independientes del Estado y del mercado. Las OSC representan a una amplia gama de intereses y relaciones. Pueden incluir organizaciones de base comunitaria, así como organizaciones no gubernamentales (ONG). Las OSC no incluyen empresas o asociaciones con ánimo de lucro.

Los profesores de la escuela primaria han decidido registrarse a un sindicato que en un momento determinado les ayude a proteger legalmente el respeto a sus derechos humanos. Han escogido ese sindicato ya que se caracteriza por su independencia de las empresas. De igual manera, han decidido formar una asociación civil con el objetivo también de proteger sus derechos humanos y capacitar a las escuelas privadas en el respeto a tales derechos.

SIGNIFICADO DE LOS DERECHOS HUMANOS Y EL IMPACTO DE LAS EMPRESAS

Uno de los primeros obstáculos que enfrentan las empresas en su propósito de respetar los derechos humanos es el comprender su significado y alcance, así como identificar las situaciones que acontecen en ellas que pueden impactarlos. Es así que el propósito de este apartado es mostrar al emprendedor ese significado y alcance de los derechos humanos reconocidos internacionalmente, al igual que ciertas situaciones que suceden en las empresas y cómo pueden estas impactar en uno o varios derechos humanos.

No existe un orden reconocido internacionalmente de cómo deben abordarse los derechos humanos, solo se cuenta con el orden en que los derechos humanos aparecen en los tratados internacionales y las normas mexicanas, lo cual no necesariamente indica que un derecho es más importante que otro o cuál debe respetarse antes que otro. Para efectos de este apartado se abordarán los derechos humanos en un orden que inicia con el derecho humano que históricamente recibe más impactos negativos, según la práctica de las compañías mexicanas en los últimos diez años; sin embargo, eso no significa que el que aparece en el último lugar sea el menos importante ni tampoco implica que sea el que tiene menos probabilidad de ser impactado negativamente por una empresa, ya que esto depende del giro y las circunstancias de cada negocio.

Las situaciones que se mencionan en cada uno de los derechos humanos tampoco son las únicas que pueden acontecer en una empresa, pero quizá sí son las más emblemáticas, lo que permite a un emprendedor identificar o comparar con lo que actualmente sucede o puede suceder en la suya.

Detrás de cada derecho humano hay una serie de normas e instrumentos internacionales y nacionales que contribuyen a su significado y alcance, por lo que sería insuficiente este documento para analizar cada uno de ellos. Es por eso que al final de cada derecho humano analizado se hace una referencia a las normas e instrumentos que el emprendedor puede consultar para tener más detalles.

Derecho al trabajo

Este derecho es reconocido a nivel internacional por el artículo 6º del Pacto Internacional de Derechos Económicos, Sociales y Culturales (PIDESC) y el artículo 6º del Protocolo Adicional a la Convención Americana sobre Derechos Humanos en Materia de Derechos Económicos, Sociales y Culturales (Protocolo de San Salvador); instrumentos que han sido ratificados por el Estado mexicano, por lo que está obligado a acatar los procedimientos que de ellos se derivan y verificar su observancia, lo cual incluye a las empresas. A nivel interno, en México este derecho se reconoce en los artículos 5° y 123 de la Constitución Política de los Estados Unidos Mexicanos

(CPEUM) y sus leyes reglamentarias, la Ley Federal del Trabajo (LFT) y la Ley Federal de los Trabajadores al Servicio del Estado (LFTSE) que buscan proteger el derecho al trabajo.

De acuerdo con Tapiola (2018), el derecho al trabajo reconoce el derecho de toda persona a la oportunidad de ganarse la vida trabajando, siempre y cuando este trabajo haya sido elegido o aceptado libremente. Lo anterior significa que no se debe forzar a nadie a ejercer o aceptar un empleo, y que los empleados potenciales tienen el derecho de trabajar. También implica el derecho a no ser privado injustamente de un empleo o la prohibición del despido arbitrario. De igual forma, y a pesar de que la prohibición del trabajo forzoso no está incluida explícitamente, puede derivarse del derecho a la libre elección de empleo.

El trabajo al que se tenga acceso debe ser digno o decente. "Esto significa un trabajo que respeta los derechos fundamentales de la persona, así como los derechos de los trabajadores en términos de condiciones o seguridad laboral y remuneración" (CNDH, 2016, p. 17). El derecho a trabajar está muy estrechamente vinculado a los derechos en condiciones laborales dignas y satisfactorias, así como a los derechos sindicales, los cuales se consideran parte del derecho general a trabajar.

Asimismo, incluida en este derecho, se impone al Estado mexicano la obligación de garantizar la no discriminación y la igual protección del empleo; es decir, las autoridades mexicanas tienen la obligación de garantizar el derecho de acceso al empleo, especialmente para los individuos y grupos desfavorecidos y marginados, y de evitar cualquier medida que resulte en discriminación y trato desigual de los individuos o grupos desfavorecidos y marginados en los sectores público y privado.

Las empresas de todas las dimensiones y en cualquier parte de la república, pueden impactar negativamente el derecho de sus empleados a trabajar si los despiden de manera arbitraria o injusta, aunque tal práctica puede ser legalmente permitida por la Ley Federal del Trabajo; o también si obstaculizan o no les otorgan posibilidades de promoción razonables. De acuerdo con la OIT AC (2019), en el actual contexto de los negocios, muchas partes interesadas (posibles socios comerciales) esperan que las compañías exhiban, en torno al derecho al trabajo, un estándar de comportamiento cada vez más alto en concordancia con los estándares internacionales y las buenas prácticas empresariales.

Si el emprendedor quiere tener más detalles sobre este derecho, puede consultar la Declaración de la OIT relativa a los principios y derechos fundamentales en el trabajo de 1998, el Convenio 122 de la OIT sobre política de empleo (1964), la Recomendación 169 de la OIT sobre política de empleo (disposiciones complementarias) (1984), el Convenio 158 de la OIT sobre la terminación del empleo (1982), y la Observación General 18 (2006) del Comité de Derechos Económicos, Sociales y Culturales.

Derecho a disfrutar de condiciones dignas y satisfactorias de trabajo

El artículo 7° del PIDESC y el artículo 7° del Protocolo de San Salvador reconocen a nivel internacional este derecho. Al igual que el derecho al trabajo, en México, este derecho está reconocido en los artículos 5° y 123 de la Constitución y sus leyes reglamentarias (LFT y LFTSE), que buscan proteger el derecho a disfrutar de condiciones dignas y satisfactorias de trabajo.

El derecho a disfrutar de condiciones de trabajo dignas y satisfactorias tiene varios componentes, todos relevantes para las acciones de las empresas en lo que respecta al trato de los empleados. La interpretación de este derecho está influenciada por los convenios y recomendaciones correspondientes de la OIT que detallan, en mayor medida, normas laborales similares a las establecidas en los tratados internacionales mencionados. Las empresas pueden tener un impacto significativo en el disfrute de este derecho en su calidad de empleadores.

De acuerdo a la OIT (2010), lo que comprende este derecho es que los empleados deben recibir una remuneración que puede incluir salarios y otras prestaciones tales como seguros de salud y asignaciones de alimentos; que un salario tiene que ser *justo*, ya que debe reflejar las responsabilidades, habilidades y educación requeridas de un empleado, así como el impacto del trabajo en la salud y seguridad del empleado y en su vida personal y familiar; que los salarios deben ser suficientes para proporcionar a los empleados una vida digna para ellos y sus familias; que las empresas deben, al menos, cumplir con los salarios mínimos exigidos por la Ley; y que los salarios deben pagarse regularmente y en su totalidad sin deducciones ni restricciones no autorizadas.

También comprende este derecho el aspecto de que los empleados deben recibir el mismo pago por el trabajo que tiene objetivamente el mismo valor, incluso si el trabajo relevante es bastante diferente. De igual forma, este derecho concibe que la empresa debe tener cuidado para garantizar que el trabajo de las mujeres no se subestime. "La verdadera adhesión a la igualdad salarial solo se puede lograr mediante una evaluación objetiva continua del trabajo, teniendo en cuenta factores como las habilidades y las responsabilidades" (Tapiola, 2018, p. 47). Las empresas también deben proporcionar igualdad de oportunidades para la promoción con sujeción únicamente a consideraciones de criterios relevantes, como la antigüedad y la competencia.

El trabajo en condiciones dignas y satisfactorias supone que las horas laborables deben ser limitadas, idealmente, a un día de ocho horas excluyendo las horas extras, aunque se permite la flexibilidad de acuerdo con ciertos aspectos prácticos del lugar de trabajo; ahora son cada día más las leyes en los distintos países que contemplan una semana laboral de 40 horas. Los empleados deben disfrutar de al menos un período de 24 horas de descanso por semana, aunque es preferible que sean dos días consecutivos. Se debe permitir a los empleados un tiempo adecuado para el descanso y el ocio, incluidas las vacaciones pagadas de al menos seis días laborales al año para los empleados de tiempo completo (los empleados de tiempo parcial deben disfrutar de derechos proporcionales de vacaciones). Los contratos temporales no deben utilizarse para evitar la concesión de períodos vacacionales. Este derecho también supone que no se debe esperar que los empleados trabajen en días festivos, pero si lo hacen, deben recibir un pago extra compensatorio. Los días festivos no forman parte de las vacaciones.

Este derecho obliga a que las empresas presten especial atención "al respeto de los derechos de grupos específicos, como las mujeres, los jóvenes y adultos mayores, las personas con discapacidades, las personas migrantes y los empleados no remunerados (por ejemplo, los prestadores de servicio social o prácticas profesionales)" (CNDH, 2016, p. 19). Asimismo, las empresas se ven comprometidas a mantener estándares de salud y seguridad ocupacionales adecuadamente altos, minimizando los riesgos en el lugar de trabajo. También se debe proporcionar incapacidad remunerada por enfermedad, incapacidad remunerada por maternidad y permiso con goce de sueldo por paternidad. Los arreglos de trabajo flexibles deben aplicarse, cuando sea práctico, para facilitar los saldos de trabajo/vida. Todos los empleados deben trabajar sin hostigamiento, incluido el acoso sexual y la intimidación.

Con respecto a todas las condiciones de trabajo, las autoridades laborales mexicanas pueden exigir a los empleadores que cooperen con los servicios de inspección independientes para garantizar el cumplimiento de los requisitos legales.

Una empresa puede generar impactos negativos a este derecho humano si, por ejemplo, no presta atención a los accidentes de trabajo que muestran una seguridad y salud laboral inadecuadas; o si realiza prácticas de compra que generan repetidamente cambios en los términos de los pedidos de productos sin cambiar el precio o el plazo de entrega, creando presión sobre sus proveedores, quienes luego exigen horas extras excesivas a sus trabajadores y trabajadoras; o si contrata personal de limpieza empleada en una tercera empresa que paga salarios sumamente bajos y con muy limitados derechos por enfermedad o descanso.

Para tener más detalles sobre este derecho, el emprendedor puede consultar el Convenio 131 de la OIT sobre la fijación de salarios mínimos (1970), el Convenio 94 de la OIT sobre cláusulas del trabajo (contratos públicos) (1949), el Convenio 95 de la OIT sobre la protección del salario (1949), el Convenio 1 de la OIT sobre las horas de trabajo (industria) (1919), el Convenio 30 de la OIT sobre las horas de trabajo (comercio y oficinas) (1930), el Convenio 47 de la OIT sobre la semana de las cuarenta horas (1935), el Convenio 132 de la OIT sobre vacaciones pagadas (1970), el Convenio 14 de la OIT sobre el descanso semanal (industria) (1921), el Convenio 106 de la OIT sobre el descanso semanal (comercio y oficinas) (1957), el Convenio 155 de la OIT sobre salud y seguridad en el trabajo y el medio ambiente de trabajo (1981), el Convenio 161 de la OIT sobre servicios de salud en el trabajo (1985), el Convenio 81 de la OIT sobre inspección del trabajo (1947) y el Protocolo de 1995, y la Observación General 23 (2016) del Comité de Derechos Económicos, Sociales y Culturales.

Derecho a formar y unirse a sindicatos y derecho a huelga (Derechos sindicales)

A nivel internacional, este derecho se encuentra reconocido por el artículo 8º del PIDESC y el artículo 8º del Protocolo de San Salvador. Los artículos 9º y 123 de la Constitución y sus leyes reglamentarias (LFT y LFTSE) que buscan proteger los derechos sindicales, reconocen en México este derecho.

Este derecho humano se refiere al que tiene toda persona a formar sindicatos y a afiliarse al sindicato de su elección con sujeción a las normas de afiliación del sindicato. Este derecho solo puede ser restringido por el Estado mexicano en circunstancias establecidas por la ley y necesarias para proteger la seguridad nacional, el orden público o los derechos y libertades de los demás. Los propios sindicatos tienen derecho a crear federaciones o confederaciones nacionales y a formar o afiliarse a agrupaciones sindicales internacionales; también reconoce el derecho de huelga que debe ejercerse de conformidad con los requisitos razonables de las leyes mexicanas.

Los Convenios básicos de la OIT que rigen la libertad de asociación, el derecho de organización y la negociación colectiva complementan su interpretación. Estos Convenios establecen que no se debe discriminar a los trabajadores por razón de su afiliación sindical. "Los gobiernos deben aplicar medidas y desarrollar mecanismos adecuados para promover las negociaciones voluntarias de buena fe entre los empleadores y las organizaciones de empleados, con el fin de permitirles elaborar convenios colectivos sobre la regulación del empleo" (Belmont Lugo, 2017, p. 23).

Las acciones de la empresa pueden afectar a estos derechos si impiden la afiliación y la actividad sindical entre los empleados o son cómplices de alguna manera en acciones que restringen los derechos de los empleados a participar en la actividad sindical. Ejemplos de buenas prácticas de las empresas que reflejan el respeto a este derecho pueden ser: facilitar la formación de sindicatos entre las personas empleadas o trabajadores de contratistas; permitir a sus empleados negociar colectivamente sus condiciones de trabajo con el sindicato que más les convenga; no discriminar a sus empleados por formar parte de cierto sindicato; o reconocer las asociaciones legítimas de empleados con los que la empresa puede entablar un diálogo.

Los pormenores sobre este derecho pueden ser encontrados por el emprendedor en el Convenio 87 de la OIT sobre la libertad sindical y la protección del derecho de sindicación (1948); en el Convenio 98 de la OIT sobre el derecho de sindicación y de negociación colectiva (1949); y en el Convenio 154 de la OIT sobre la negociación colectiva (1981).

Derecho a la seguridad social, incluyendo el seguro social

Este derecho es reconocido a nivel internacional por el artículo 9° del PIDESC y el artículo 9° del Protocolo de San Salvador. En México este derecho se reconoce en el artículo 123 de la Constitución y sus leyes reglamentarias, la Ley del Seguro Social (LSS) y la Ley del Instituto de Seguridad y Servicios Sociales de los Trabajadores al Servicio del Estado (LISSSTE) que buscan proteger el derecho a la seguridad social.

Los alcances de este derecho son variados: primero, permite el derecho a acceder y mantener los beneficios a la seguridad social sin discriminación; segundo, impone a los gobiernos la obligación de poner a disposición de las personas un sistema de seguridad social que en el caso mexicano involucra esquemas contributivos o basados en seguros que, normalmente, conllevan contribuciones obligatorias del beneficiario (empleado/trabajador), del empleador del beneficiario y del Estado (gobierno), así como esquemas universales o específicos financiados por los particulares; tercero, establece que los beneficios de la seguridad social deben estar disponibles para cubrir las áreas de atención médica y enfermedad, vejez, desempleo, lesiones laborales, manutención infantil y familiar, maternidad, discapacidad y sobrevivientes y orfandad; cuarto, dispone que los sistemas de seguridad social deben de caracterizarse por ser asequibles y sostenibles para proporcionar a las generaciones presentes y futuras la oportunidad de gozar de sus beneficios, y también distinguirse por proporcionar beneficios adecuados; y quinto, ubica a este derecho con un carácter redistributivo y esencial para combatir la pobreza. "Su realización puede, por ejemplo, tener un impacto significativo en el disfrute de los derechos relacionados, como el derecho a un nivel de vida adecuado y el derecho a la salud." (Belmont y Parra, 2017, p. 13).

En la interpretación de este derecho se recomienda que los países adopten *pisos de protección social* para garantizar ciertos niveles mínimos de derecho a sus poblaciones. Los pisos de protección social tienen como objetivo aliviar la pobreza, la exclusión social y la vulnerabilidad, y asegurar la disponibilidad, continuidad y acceso a servicios esenciales como agua, salud, educación, saneamiento y trabajo social centrado en la familia.

El papel de las empresas en relación con el derecho a la seguridad social variará según el contexto. En general, las empresas tienen el deber básico de garantizar que las contribuciones obligadas por ley al sistema, además de las deducidas a los salarios de los empleados, se paguen con prontitud para garantizar que la capacidad del gobierno para entregar pagos o servicios de seguridad social no se vea afectada. Si las compañías operan esquemas de seguridad social privados, además de no dejar de hacer sus aportaciones al sistema público, deben hacerlo de manera no discriminatoria y no deben imponer condiciones de elegibilidad irrazonables.

Las empresas pueden generar impactos negativos a este derecho si, por ejemplo: no inscriben a su empleado al Instituto Mexicano del Seguro Social (IMSS); inscriben a su empleado fuera de los tiempos que marca la ley; inscriben a su empleado con un salario inferior al que realmente perciben; no reportan al IMSS los accidentes de trabajo; o también si ofrecen un esquema de seguridad social privada que cuenta con criterios discriminatorios.

Si el emprendedor quiere tener más detalles sobre este derecho, puede consultar el Convenio 102 de la OIT sobre seguridad social (normas mínimas) (1952), la Recomendación 202 de la OIT sobre pisos de protección social (2012), la declaración del Comité de Derechos Económicos, Sociales y Culturales (CDESC) sobre "Los pisos de protección social: un elemento esencial del derecho a la seguridad social y de los objetivos de desarrollo sostenible" (2015), y la Observación General 19 del CDESC (2008).

Derecho a la libertad de reunión

El artículo 21 del Pacto Internacional de Derechos Civiles y Políticos (PIDCP) y el artículo 15 de la Convención Americana sobre Derechos Humanos (CADH) reconocen a nivel internacional este derecho. Ambos instrumentos han sido ratificados por México por lo que está obligado a acatar los procedimientos que de ellos se derivan y verificar su observancia, lo cual incluye a las empresas. A nivel interno, en México este derecho está reconocido en el artículo 9° de la Constitución.

El derecho a reunirse pacíficamente está protegido, con sujeción únicamente a las restricciones impuestas por la ley que sean necesarias para proteger los intereses de la seguridad nacional, la seguridad y el orden público, la salud o la moral públicas, o la protección de los derechos y libertades de los demás. "En este contexto, la palabra *asamblea* puede referirse a una reunión que se celebra con un propósito específico, en la que hay debate público o en la que se proclaman ideas, incluidas las marchas" (Carbonell, 2016, p. 826). La libertad de reunión comprende el derecho a manifestarse en grupos, ya sea en reuniones fijas o en marchas.

Los gobiernos están en la posición más evidente para violar la libertad de reunión. Sin embargo, un impacto negativo que las empresas pueden provocar a este derecho se da en situaciones donde los servicios de seguridad pública o privada que protegen los activos de la empresa impiden o disuelven por la fuerza manifestaciones pacíficas realizadas por la comunidad local contra las operaciones de la empresa.

Derecho a la libertad de asociación

A nivel internacional este derecho se encuentra reconocido por el artículo 21 del PIDCP y el artículo 16 de la CADH. El artículo 9° de la Constitución reconoce en México este derecho, el cual protege el derecho a formar o afiliarse a todo tipo de asociaciones como partidos políticos, sociedades religiosas, clubes deportivos y otros clubes recreativos, organizaciones no-gubernamentales y sindicatos. Este derecho no debe ser restringido, salvo mediante la reglamentación legal necesaria para proteger los intereses de la seguridad nacional, la seguridad pública, el orden público, la salud pública o la moral, o la protección de los derechos y libertades de los demás, conforme a los estándares internacionales de derechos humanos.

Las actividades de las empresas tienen más probabilidades de repercutir en este derecho en lo que se refiere a los sindicatos y otros órganos representativos de los trabajadores, y generan impactos negativos a este derecho cuando no respetan el de sus empleados a formar sindicatos o a unirse a otras organizaciones legítimas como los partidos políticos. Las empresas también pueden impactar negativamente al disfrute de este derecho al expresarse en público a favor de leyes que restringen el derecho.

Derecho a la igualdad ante la ley, igualdad de protección de la ley y los derechos a la no discriminación

A nivel internacional este derecho se encuentra reconocido por el artículo 26 del PIDCP, artículo 2º del PIDESC y el artículo 24 de la CADH. Los artículos 1° y 4º de la Constitución reconocen en México este derecho.

Las normas nacionales e internacionales prohíben la discriminación por muchos motivos diferentes, entre ellos la raza, el color, el sexo, el idioma, la religión, la opinión política o de otra índole, el origen nacional o social, la propiedad, el nacimiento u otro estado. Este último motivo es abierto y se ha interpretado que incluye situaciones tales como discapacidad, estado civil, edad, orientación sexual, identidad de género, nacionalidad y estado de salud (por ejemplo VIH/SIDA).

Por discriminación se entiende toda distinción, restricción, exclusión o preferencia que se haga por uno o más de los motivos enumerados anteriormente y que tenga por objeto o efecto reducir o eliminar por completo la igualdad de oportunidades o de trato de la víctima. Este derecho prohíbe la discriminación en relación con el disfrute de todos los derechos, incluidos los económicos, sociales y culturales, así como otros derechos jurídicos que pueda ofrecer un país. "La discriminación prohibida puede ser directa cuando una persona recibe un trato menos favorable que otra debido a una razón relacionada con una característica protegida" (Lara Espinosa, 2015, p. 43).

De esta manera, la exclusión de un proceso de solicitud de empleo para personas mayores de sesenta años constituiría una discriminación directa por motivos de edad. "La discriminación prohibida también puede ser indirecta, cuando una ley, política o práctica aparentemente neutra repercute desproporcionadamente en el disfrute de los derechos humanos por un grupo de personas sobre la base de una característica protegida" (Lara Espinosa, 2015, p. 45). Por ejemplo, si un programa de capacitación de asistencia voluntaria que permite aumentar las posibilidades de ascenso de un candidato solo se ofrece los viernes a la hora del almuerzo, que constituiría una discriminación indirecta por motivos de religión o de creencias, debido a los efectos perjudiciales desproporcionados sobre las personas comprometidas con la observancia religiosa del viernes.

Hay que señalar que no toda diferenciación de trato constituye discriminación en violación a este derecho. Se permiten las distinciones si se basan en criterios razonables y objetivos con el fin de lograr un objetivo legítimo; por ejemplo, normalmente es legítimo que un director de cine discrimine por motivos de sexo al seleccionar a un personaje femenino.

Las actividades de las empresas pueden influir en el derecho de no-discriminación de sus empleados, socios comerciales y clientes. Cada una de estas partes interesadas debe ser tratada sin discriminación, por ejemplo, en la contratación, remuneración y formación de los empleados y en la prestación de servicios a los clientes. Los empleados son especialmente vulnerables a la discriminación por parte de los empleadores, y no deben ser discriminados ni acosados, ni deben ser disciplinados sin procedimientos justos.

A veces las empresas deben adoptar medidas positivas para luchar contra la discriminación, como el acondicionamiento de instalaciones que permitan el acceso de las personas con discapacidad. En determinadas circunstancias es aceptable que las empresas tomen disposiciones de *acción afirmativa*, medidas positivas adoptadas para ayudar a un grupo concreto que ha sufrido una discriminación sistémica arraigada a largo plazo con el fin de invertir esa tendencia. Estas medidas pueden a veces implicar una discriminación *positiva* o una discriminación *inversa*; por ejemplo, puede haber una cuota fija para el número de mujeres que reciban capacitación en administración o gestión por parte de una empresa con el fin de aumentar la representación de las mujeres en puestos superiores, si las mujeres están sub-representadas en ese nivel.

Más detalles sobre este derecho pueden ser encontrados por el emprendedor en la Observación General 18 (1989) y en la Observación General 28 (2000) sobre la igualdad de derechos entre hombres y mujeres, ambos documentos del Comité de Derechos Humanos de las Naciones Unidas.

Derecho a la privacidad

Este derecho es reconocido a nivel internacional por el artículo 17 del PIDCP y el artículo 11 de la CADH. En México este derecho se reconoce en el artículo 16 de la Constitución.

El derecho a la privacidad protege a las personas contra interferencias arbitrarias, no razonables o ilegales en su vida privada, familia, domicilio o correspondencia, así como ataques ilegales en su honor y reputación. Las restricciones arbitrarias a la privacidad están prohibidas incluso si han sido autorizadas por la ley, aunque cabe señalar que el gobierno puede autorizar las restricciones a la privacidad conforme a los estándares internacionales de derechos humanos. "Los gobiernos tienen el deber de proteger a las personas contra las interferencias arbitrarias a la privacidad por parte de agentes estatales o entidades privadas como los empleadores y los medios de comunicación" (García Ricci, 2013, p. 1,050).

El derecho a la privacidad no es absoluto. Los gobiernos pueden, por ejemplo, autorizar restricciones a la privacidad mediante medidas que son necesarias para proteger un interés público legítimo, como el orden público (órdenes de registro para facilitar la detección del delito y la detención de sospechosos) o seguridad nacional (vigilancia legal de sospechosos de terrorismo).

Las empresas pueden tener un impacto negativo en el derecho a la privacidad o el riesgo de ser cómplices de otras violaciones de los derechos humanos si, por ejemplo: las empresas de tecnologías de la información o de telecomunicaciones entregan al gobierno datos confidenciales de los clientes sin su consentimiento, en respuesta a las solicitudes que son ilegales bajo el derecho nacional y/o en no conformidad con las normas internacionales de derechos humanos; o si no protegen la confidencialidad de los datos personales de sus empleados o trabajadores de empresas con quienes interactúan u otras personas; o si requieren pruebas de embarazo como parte de las solicitudes de trabajo; o si venden equipos o tecnología que puedan utilizarse para rastrear o monitorear comunicaciones y movimientos de personas a un gobierno con antecedentes de deficiencia en cuanto a la protección de los derechos humanos.

Si el emprendedor desea tener más información sobre este derecho, puede consultar la Observación General 16 (1988) del Comité de Derechos Humanos de la ONU.

Derechos a la libertad de pensamiento, conciencia y religión

El artículo 18 del PIDCP y el artículo 12 de la CADH reconocen a nivel internacional este derecho; en México también está reconocido en el artículo 24 de la Constitución.

El derecho a la libertad de pensamiento, conciencia y religión abarca la libertad de una persona para elegir, practicar y observar su religión o creencia elegida. La libertad también protege el derecho a no profesar ninguna religión o creencia. Se prohíbe la coerción que impida el derecho a tener o adoptar una religión o creencia, incluido el uso de amenazas de fuerza física o sanciones penales o civiles para obligar a adherirse o retractarse de creencias particulares. "El derecho a manifestar una religión o creencia incluye el derecho a la adoración, así como a enseñar y observar rituales religiosos como el uso de ropa o sombreros en particular" (González Schmal, 2013, p. 1,270).

El derecho a manifestar creencias religiosas o de otro tipo puede estar limitado por la ley cuando sea necesario para proteger la seguridad pública, el orden, la salud, la moral o los derechos de otras personas. La imposición de tales restricciones podría ocurrir si, por ejemplo, una religión defendiera el uso de drogas peligrosas y, por lo tanto, se considerará una amenaza para la salud y el orden públicos.

Las violaciones de este derecho a menudo ocurren en el contexto de la discriminación por motivos religiosos. Sin embargo, el derecho puede ser violado en ausencia de discriminación, como en la situación hipotética de un gobierno que suprime todas las manifestaciones de cualquier religión.

Las actividades de las empresas tienen mayor probabilidad de impactar negativamente en este derecho con respecto a sus fuerzas de trabajo; por ejemplo, las empresas pueden hacer caso omiso a la necesidad de acomodar las prácticas religiosas de sus empleados que deben orar durante las horas de trabajo o que solicitan tiempo libre para observar ciertos días santos; o pueden establecer políticas que impidan que sus empleados usen ropa u otros símbolos que expresen su fe, a pesar de que estos no interfieren con la seguridad legítima o no dificultan su rendimiento. Las empresas deben equilibrar la libertad de manifestar su religión con intereses legítimos en competencia como la salud y la seguridad, los derechos de otros empleados y las necesidades legítimas de la empresa.

Las empresas también pueden enfrentar problemas si operan en contextos donde los derechos a la libertad de pensamiento, conciencia y religión son comúnmente violados y los empleados u otras partes interesadas están entre las víctimas. Las empresas pueden facilitar el disfrute del derecho al promover una cultura de tolerancia religiosa y comprensión dentro de sus lugares de trabajo.

Para tener más detalles sobre este derecho, el emprendedor puede consultar la Observación General 22 (1993) del Comité de Derechos Humanos de la ONU.

Derechos a la libertad de opinión y de expresión

A nivel internacional este derecho se encuentra reconocido por el artículo 18 del PIDCP y el artículo 13 de la CADH. El artículo 6º de la Constitución Mexicana reconoce este derecho.

A través de este derecho se protege a cada persona de mantener opiniones libres de interferencias externas y no puede ser restringido en ninguna circunstancia. Por lo mismo, también se protege el derecho a la libertad de expresión; es decir, a buscar, recibir y difundir ideas en cualquier medio o forma. Las formas de expresión protegida incluyen mensajes escritos y hablados, además de expresiones no verbales como imágenes y objetos artísticos. La expresión está protegida por este derecho, ya sea en forma impresa, audiovisual o electrónica, y puede referirse a cualquier tema, incluyendo temas políticos. Por virtud de este derecho también se protege el de acceso a la información en poder de los organismos públicos.

Este derecho puede estar restringido por medidas establecidas por la ley y necesarias para proteger los derechos o la reputación de los demás o para proteger la seguridad nacional, el orden público, la salud pública o la moral. "Todas las limitaciones a la libre expresión deben ser proporcionales a los fines buscados para ser permitidas" (Salazar y Gutiérrez,

2008, p. 14). El *orden público* se refiere a las reglas de un país que aseguran el funcionamiento pacífico y efectivo de la sociedad. Un ejemplo de una ley que protege el orden público es la que impone límites razonables a la expresión de discursos que es muy probable que provoquen disturbios.

Por su parte, *seguridad nacional* alude a una situación en la que la independencia política de un país o su territorio está amenazada. En este caso, normalmente se permitirá que un gobierno prohíba la publicación de los nombres de sus agentes de inteligencia activos. En cuanto a la restricción en la expresión que protege la *salud pública* puede materializarse como una prohibición o restricción en la publicidad de productos de tabaco. Una situación de protección de la *moral pública* sería la línea divisoria de televisión impuesta en ciertos países que establece la emisión de programas sexualmente explícitos solamente en altas horas de la noche. El ejercicio indebido de la libre expresión también puede perjudicar ocasionalmente los derechos de otras personas, como su derecho a la privacidad, por ejemplo, en el caso de la revelación de información personal confidencial; o, en el caso de desacato al tribunal, el derecho de otra persona a un juicio justo. Las leyes contra la difamación son formas comunes de proteger la reputación de las personas, aunque no deben ser demasiado amplias ni pueden imponer sanciones penales.

Este derecho tiene una importancia particular para la industria de los medios de comunicación, incluidos cineastas y distribuidores, editores, industrias de la televisión y la música y compañías de internet. Los gobiernos deben garantizar medios diversos al abstenerse del control de monopolio y evitar la concentración o el dominio indebidos de los medios por parte de grupos privados.

Los impactos negativos a este derecho por parte de las empresas se pueden generar de diversas formas, por ejemplo: cuando las empresas de medios o tecnología censuran su producción o limitan el acceso de los clientes a la información; cuando las compañías de medios restringen indebidamente la libertad de expresión de los periodistas; cuando los proveedores privados de internet bloquean su acceso, salvo lo dispuesto por la ley y en circunstancias que sean razonables y proporcionales; cuando a los empleados se les impide sistemáticamente expresar sus opiniones en público; o cuando participan en litigios contra las personas trabajadoras, miembros de la comunidad u otras partes interesadas que se han manifestado de manera crítica contra la empresa cuando hay un desequilibrio extremo de medios de las partes para financiar un caso legal.

La Observación General 34 (2011) del Comité de Derechos Humanos de la ONU puede ser útil a los emprendedores para encontrar más información sobre este derecho.

Derechos de protección de la familia y derecho a casarse

Este derecho se encuentra reconocido a nivel internacional por el artículo 23 del PIDCP y el artículo 17 de la CADH; en México se reconoce en el artículo 4° de la Constitución.

El derecho a la vida familiar requiere la protección de la familia por la sociedad y el gobierno. El concepto de familia varía en todo el mundo, en general se aplica la propia definición de familia de cada sociedad; esto incluye los derechos de hombres y mujeres en edad de optar por el matrimonio, a contraerlo y formar una familia, libremente y con pleno consentimiento. "Los gobiernos deben adoptar medidas apropiadas para garantizar la igualdad de derechos y responsabilidades de los cónyuges durante el matrimonio y después de su disolución" (González Contró, 2006, p. 56).

Este derecho es relevante para las empresas en la medida en que ciertas prácticas laborales pueden obstaculizar o mejorar la capacidad de las personas para adoptar un equilibrio sano trabajo/vida y pasar tiempo de calidad con sus familias. Un impacto negativo que comúnmente generan las empresas surge cuando discriminan a las mujeres sobre la base de su estado civil o reproductivo.

Los emprendedores pueden encontrar más información sobre este derecho en la Observación General 19 (1990) del Comité de Derechos Humanos de las Naciones Unidas.

Derecho a una vida familiar

El artículo 10 del PIDESC y el artículo 15 del Protocolo de San Salvador reconocen este derecho a nivel internacional. El artículo 4° de la Constitución Mexicana tiene reconocido este derecho.

De acuerdo con este derecho, la protección y la asistencia más amplias posibles deben darse a la familia, "en particular durante su formación, y mientras son responsables de la atención y educación de los hijos e hijas dependientes"

(Carbonell, 2006, p. 82). Se concede protección especial a las madres durante un período razonable antes y después del parto. De particular importancia para las empresas, el derecho exige que durante este período las madres que trabajan reciban licencia remunerada o licencia con las prestaciones adecuadas de la seguridad social.

Las medidas de protección y asistencia especial abarcan a todos los niños y jóvenes; no obstante, las normas de derechos humanos no imponen una prohibición absoluta al trabajo de los niños, definidos en la Convención sobre los Derechos del Niño como personas menores de 18 años. En algunos casos, el trabajo puede ser un elemento importante de la formación profesional, como en el caso de los programas de aprendizaje, o una forma de obtener ingresos complementarios. Sin embargo, los niños deben estar protegidos de la explotación económica y social y, en particular, no deben estar expuestos a un trabajo que sea perjudicial para su moral o salud, o peligroso para la vida o que pueda obstaculizar su desarrollo normal. Las *peores formas de trabajo infantil* están absolutamente prohibidas, al igual que el trabajo que es incompatible con el derecho de los niños a la educación gratuita y obligatoria; así, el trabajo de los niños no debe interferir con su capacidad para asistir a la escuela. Los estados deben establecer límites de edad por debajo de los cuales el empleo remunerado del trabajo infantil debe ser prohibido y castigado por la ley.

Las empresas pueden impactar negativamente a este derecho, por ejemplo: si realizan prácticas laborales (incluidas las horas de trabajo y el derecho a licencia) que puedan impedir que las personas pasen tiempo de calidad con sus familias, o si niños trabajan directamente para la empresa o dentro de sus cadenas de suministro.

Derechos de protección para el niño

A nivel internacional este derecho se encuentra reconocido por el artículo 24 del PIDCP y el artículo 19 de la CADH. El artículo 4° de la Constitución reconoce en México este derecho.

Este derecho reconoce que los niños necesitan protección especial según lo exige su condición de menores. El deber de proteger a un niño se relaciona con su familia, la comunidad y el Estado. Un niño tiene derecho a ser registrado y se le debe dar un nombre inmediatamente después de nacer, además de adquirir una nacionalidad. La edad en la que un niño alcanza la mayoría de edad y ya no requiere las protecciones de este derecho está determinada por los gobiernos a la luz de las condiciones sociales y culturales relevantes, siempre que la mayoría de edad no sea injustificadamente baja o alta.

La protección del niño incluye la protección contra la explotación sexual y económica. Una empresa (por ejemplo, un hotel) puede ser considerada cómplice si se hace la desentendida a la explotación sexual de menores en las cercanías de su negocio. Además, las empresas de medios digitales deben asegurarse de que no son cómplices de abusos de los derechos de los niños, en el caso de la difusión y/o promoción del ciberacoso, el turismo sexual con niños, la pornografía infantil, el tráfico y manipulación vía internet. Las imágenes sexualizadas de niños no deben usarse en mercadeo masivo.

"Los niños son particularmente susceptibles a la publicidad y el marketing, por lo tanto, las empresas deben evitar la comercialización de productos inapropiados y dañinos para los niños como los cigarrillos y el alcohol" (Zariñán Martínez, 2018, p. 12).

Los niños no pueden participar en trabajos que sean peligrosos, arduos o por los que reciben un pago insuficiente o que trabajen durante la misma cantidad de horas que los adultos. Con frecuencia se les niega a los niños trabajadores la oportunidad de recibir una educación como resultado de ir a trabajar, y su salud mental y física puede sufrir debido a las malas condiciones, largas horas de trabajo y el maltrato por parte de los empleadores.

La restricción al trabajo infantil está influenciada por las normas de la OIT a este respecto. Dichas normas prohíben el trabajo para los menores de 15, sin embargo, los países en desarrollo pueden prescribir una edad mínima de 14 años e incluso pueden limitar inicialmente el alcance de la aplicación de las normas de la OIT si su economía y su infraestructura administrativa no están suficientemente desarrolladas. Se entiende que la eliminación del trabajo infantil es un tema difícil, ya que algunas familias dependen de los ingresos de los niños para garantizar su acceso a los alimentos y otras necesidades. De cualquier manera, la OIT prohíbe el trabajo peligroso para todas las personas menores de 18 años. Existen algunos casos justificados en los que los niños pueden trabajar, como cuando los niños ayudan a las familias por períodos cortos durante las cosechas agrícolas o los niños mayores de 15 años que trabajan en condiciones no peligrosas.

Las empresas respetan el derecho cuando atienden a las edades mínimas de empleo. Ahora, la respuesta de las empresas no debe ser el despido generalizado de los niños, ya que entonces se puede afectar a otros derechos (como el de acceder a un nivel de vida adecuado o a la seguridad de la persona) porque el menor, al no tener un ingreso por su trabajo, puede incursionar en actividades peligrosas como la prostitución o el tráfico de drogas. Por lo tanto, las empresas deben promover este derecho de diversas maneras, además de eliminar a los niños trabajadores de su cadena de valor, ayudando a crear oportunidades educativas para ellos, participar en enfoques de acción colectiva para hacer frente al trabajo infantil y pagar a los empleados adultos un salario digno para que sus hijos no necesiten trabajar.

Más información sobre este derecho pueden ser encontrada por el emprendedor en la Observación General 17 del Comité de Derechos Humanos de la ONU (1989), en la Observación General 14 (2013) del Comité de los Derechos del Niño, en el Convenio 138 de la OIT sobre la Edad Mínima (1973), y en el Convenio 182 de la OIT sobre las peores formas de trabajo infantil (1999).

Derecho a un nivel de vida adecuado

Este derecho es reconocido a nivel internacional por el artículo 11 el PIDESC y los artículos 11 y 12 del Protocolo de San Salvador. A nivel interno, en México este derecho se reconoce en el artículo 4° de la Constitución Mexicana.

Este derecho garantiza un nivel de vida adecuado, incluidos los alimentos, la ropa, la vivienda y el mejoramiento continuo de las condiciones de vida. "También se ha interpretado que comprende un acceso adecuado al agua y saneamiento" (Tello Moreno, 2011, p. 48).

Derecho a una vivienda adecuada no se refiere simplemente a tener acceso al refugio que proporciona contar con un techo sobre la cabeza, sino al derecho a vivir en un lugar seguro, en paz y con dignidad. Esto significa que la vivienda "debe cumplir ciertos criterios básicos, como la seguridad de la tenencia, la disponibilidad de servicios públicos y otros servicios (por ejemplo, instalaciones de alcantarillado y acceso al agua potable), asequibilidad, habitabilidad, accesibilidad, ubicación y adecuación cultural de la vivienda" (CONEVAL Vivienda, 2018, p. 18). Los gobiernos deben adoptar medidas progresivas para lograr todos los aspectos que cubre este derecho.

Las compañías que proveen viviendas para su fuerza laboral o la comunidad local pueden impactar directa, positiva o negativamente en el disfrute de este derecho. Las empresas pueden encontrar un impacto en sus actividades sobre el derecho a una vivienda adecuada si participan en transacciones de tierras que requieren reubicación de la población o desalojos forzosos, ya sea como propietarios o para adaptarse a proyectos de desarrollo o exploración de recursos naturales. Aquellas empresas que realicen reubicaciones o desalojos forzosos deben asegurarse de que actúan de acuerdo con las normas de derechos humanos y que las personas afectadas y sus pertenencias estén protegidas y aseguradas durante el proceso de reubicación. Los desalojos forzosos deben ser un último recurso y se deben explorar alternativas viables en consulta con las comunidades afectadas. Los desalojos forzosos no son incompatibles con el derecho a una vivienda adecuada si se implementan garantías procesales como evaluaciones de impacto integrales, consultas y notificaciones previas, provisión de recursos legales, compensación justa y equitativa, y reubicación adecuada para minimizar los impactos adversos, incluso en grupos específicos como mujeres y pueblos indígenas.

Derecho a la alimentación. La comida es vital para la supervivencia humana y también es un medio esencial para disfrutar plenamente de todos los demás derechos. El derecho humano a una alimentación adecuada implica que los alimentos deben estar disponibles y ser accesibles para las personas en cantidad y calidad suficientes para satisfacer sus necesidades alimentarias, libres de sustancias adversas y aceptables para su cultura. El derecho a la alimentación incluye las posibilidades para que las personas se alimenten a sí mismas y a sus familias directamente por medio de tierras productivas y otros recursos naturales (por ejemplo, agricultura, cría de animales, pesca, caza y recolección de alimentos), así como para comprar alimentos en mercados y tiendas.

Los países deben tomar varias medidas para mejorar los métodos de producción, conservación y distribución de los alimentos mediante, por ejemplo, el desarrollo de mejores sistemas agrícolas, así como garantizar una distribución equitativa de los suministros mundiales de alimentos en relación con las necesidades. "Se requieren medidas de protección para evitar la contaminación de los suministros de alimentos y agua que surjan de, entre otras cosas, una higiene ambiental deficiente o un manejo inadecuado en diferentes etapas de la cadena alimentaria" (CONEVAL Alimentación, 2018, p. 14).

El derecho a la alimentación es particularmente relevante para aquellas compañías que satisfacen las necesidades básicas de su fuerza laboral y la comunidad circundante, y para aquellas cuyo negocio principal es el suministro de alimentos. El respeto por el derecho a la alimentación requiere que las actividades de la empresa no contaminen, dañen o interfieran con los suministros locales de alimentos o la capacidad de las personas para acceder a ellos.

Derecho al agua. El agua es un derecho humano fundamental necesario para la vida y, por lo tanto, el cumplimiento de todos los demás derechos. El derecho humano al agua permite a todos a disponer de agua suficiente, segura, aceptable, físicamente accesible y asequible para uso personal y doméstico. Estos usos incluyen agua para beber, saneamiento personal, lavado de ropa, preparación de alimentos, así como para la higiene personal y doméstica. El agua suministrada debe ser de buena calidad, libre de elementos que puedan dañar la salud de una persona y una cantidad mínima de aproximadamente 50 a 100 litros por persona por día.

Los países están obligados a garantizar que los servicios de agua se presten de manera equitativa y no discriminatoria, dando prioridad a los grupos más vulnerables y aquellos que tradicionalmente han enfrentado dificultades para acceder a cantidades adecuadas de agua. El derecho al agua no significa que esta se proporcione de forma gratuita, sino que el agua y las instalaciones de abastecimiento deben ser asequibles incluso para los miembros más desfavorecidos de la sociedad. Las personas, las comunidades y los grupos deben poder participar en los procesos de toma de decisiones que pueden afectar su derecho al agua y se les debe dar acceso completo a la información relacionada con los asuntos vinculados al agua y el saneamiento. En el contexto de la privatización de los servicios de agua, "los gobiernos deben regular y controlar de manera efectiva a los proveedores de servicios de agua para mantener un acceso equitativo, asequible y físico a agua suficiente, segura y aceptable para uso personal y doméstico" (Ponce Nava, 2018, p. 32).

Las actividades de la empresa pueden afectar el derecho al agua si la contaminación y el uso excesivo de los suministros locales de agua interfieren significativamente con el disfrute del derecho de este elemento por parte de las personas. El derecho también es particularmente relevante para las compañías que proveen servicios de agua y las compañías que satisfacen las necesidades básicas de su fuerza laboral y la comunidad circundante. Las empresas pueden tener un impacto positivo en el derecho al agua a través de iniciativas dirigidas a mejorar su accesibilidad y calidad para el consumo de las comunidades locales.

Las empresas pueden impactar negativamente al derecho a un nivel de vida adecuado si proveen vivienda o residencia de baja calidad para sus empleados (cuando a la empresa le corresponde hacerlo); también si no proporcionan instalaciones sanitarias adecuadas para los empleados en una fábrica o establecimiento propiedad de la empresa; si la expansión de operaciones de la empresa reduce significativamente la cantidad de tierra cultivable en una zona, lo que afecta el acceso de los miembros de la comunidad local a los alimentos; o si las actividades comerciales de la empresa contaminan o son una amenaza para los recursos hídricos existentes de una manera que interfiere significativamente con la capacidad de las comunidades locales para acceder al agua potable limpia.

Si el emprendedor quiere tener más detalles sobre este derecho, puede consultar la Observación General 4 (1991), la Observación General 7 (1997), la Observación General 12 (1999), y la Observación General 15 (2003), todas ellas del CDESC

Derecho a la salud

El artículo 12 del PIDESC y el artículo 10 del Protocolo de San Salvador reconocen a nivel internacional este derecho. En México este derecho está reconocido en el artículo 4° de la Constitución.

Estos artículos reconocen el derecho al más alto nivel posible de salud física y mental. Los gobiernos deben tomar medidas para prevenir, tratar y controlar enfermedades, reducir la mortalidad infantil y garantizar el desarrollo saludable de los niños, mejorar todos los aspectos de la higiene industrial y ambiental, y crear condiciones que aseguren el acceso universal a servicios médicos apropiados y atención médica en general ante el evento de la enfermedad. Esto abarca el derecho a controlar la salud y el cuerpo de una persona, incluida la libertad sexual y reproductiva, y el derecho a estar libre de interferencias o experimentación y tratamiento médico no consentido. "Las personas deben tener acceso a los componentes básicos de la buena salud, como nutrición adecuada, vivienda, agua potable y segura, saneamiento adecuado, condiciones de trabajo y un ambiente saludable" (Lugo Garfías, 2015, p. 34).

Las actividades y los productos de las empresas pueden afectar el derecho a la salud de los empleados, y se espera que garanticen que sus operaciones y productos no afecten el derecho a la salud de las personas como los trabajadores, los consumidores y las comunidades locales. Se debe prestar especial atención a los sectores vulnerables de la sociedad como los niños y adolescentes, las mujeres, las personas con discapacidad o las comunidades indígenas. Se espera que las empresas garanticen el cumplimiento de la legislación nacional (incluidas las normativas de seguridad y salud ocupacional, y la legislación ambiental y de los consumidores), así como las normas internacionales en las que las leyes nacionales son débiles o no se aplican adecuadamente.

Aunque los trabajadores informales a menudo no están cubiertos por la legislación nacional, las empresas deben tomar medidas para garantizar que cualquier persona dentro de sus cadenas de suministro no esté expuesta a peligros para la salud y la seguridad en el trabajo. En los países donde prevalecen las enfermedades transmisibles como el VIH/SIDA y la malaria, muchas empresas ahora buscan brindar asistencia médica local ofreciendo tratamiento a los empleados y reforzando la infraestructura de salud y las redes de distribución. El consentimiento fundamentado previo y la participación de los trabajadores en la definición de dichos programas son aspectos esenciales del derecho a la salud. Es importante señalar que las pruebas de VIH deben ser confidenciales sin dar pie a ninguna discriminación por los resultados.

Las empresas farmacéuticas, en particular, tienen la responsabilidad de respetar el derecho a la salud que va más allá del de sus propios empleados. Las ONG y otros buscan cada vez más a las firmas farmacéuticas para ayudar a brindar acceso a medicamentos esenciales de alta calidad para las comunidades más pobres, por ejemplo, a través de precios por niveles o mediante enfoques flexibles para la protección de la propiedad intelectual. Las compañías farmacéuticas también enfrentan demandas para aumentar su inversión en la investigación y el desarrollo de medicamentos y tratamientos para enfermedades que, de manera general, se descuidan como la ceguera de los ríos, la lepra y la enfermedad del sueño que, aunque típicamente han dejado de ser prevalentes en los países desarrollados, aún son comunes en los países en desarrollo.

Las empresas de los sectores donde el riesgo de contaminación de sus actividades es particularmente alto, como las extractivas y las químicas, pueden enfrentar un escrutinio de las políticas y los sistemas que tienen para garantizar que la contaminación no tenga un impacto negativo en el derecho a la salud de empleados y miembros de las comunidades aledañas.

La contaminación producto de las operaciones de la empresa puede crear impactos negativos en la salud de los empleados y/o de las comunidades aledañas; también la venta de productos que son peligrosos para la salud de los consumidores finales; así como no implementar estándares apropiados de salud y seguridad que a largo plazo provoquen efectos en la salud de sus empleados.

Para tener más detalles sobre este derecho, el emprendedor puede consultar la Observación General 14 (2000) del CDESC y la Observación General 22 (2016) sobre el derecho a la salud sexual y reproductiva.

Derecho a la educación

A nivel internacional este derecho se encuentra reconocido por los artículos 13 y 14 del PIDESC y el artículo 13 del Protocolo de San Salvador. El artículo 3° de la Constitución reconoce en México este derecho.

El objetivo del derecho a la educación es *el pleno desarrollo de la personalidad humana y el sentido de la dignidad*; y garantiza a todos los niños el derecho a la educación básica gratuita y obligatoria. Este derecho también requiere que los gobiernos adopten medidas progresivas para la educación superior, incluida la educación *fundamental* para aquellos que no pueden completar la educación primaria. El derecho a la educación implica el derecho a la igualdad de acceso a la educación y al disfrute de las instalaciones educativas, la libertad de los padres y los niños para elegir el tipo de educación que reciben los niños, así como también la libertad de establecer instituciones educativas (sujeta a los estándares educativos mínimos). "Las instalaciones educativas deben estar disponibles, ser accesibles, cultural y éticamente aceptables, y flexibles para poder adaptarse a las necesidades cambiantes de la sociedad" (CONEVAL Educación, 2018, p. 35). Por ejemplo, la educación debe, cuando sea posible, adaptar o al menos reconocer las tecnologías cambiantes, tales como la importancia moderna de las tecnologías de la información.

Las empresas tienen un gran interés en promover el derecho a la educación para el desarrollo de mano de obra calificada y también pueden tener un impacto en el derecho a la educación donde los trabajadores infantiles son empleados directamente u operan en sus cadenas de suministro de manera que se les evita asistir a la escuela. Este derecho también es relevante en el contexto de cualquier compromiso asumido por una compañía para brindar educación a los hijos de sus empleados u otras personas de la comunidad local. Las empresas que organizan o brindan dicha educación deben respetar la igualdad de acceso a la educación.

Las empresas generan impactos negativos sobre este derecho si, por ejemplo, su participación en proyectos de construcción pesada o infraestructura limita el acceso a escuelas cercanas o causa daños o la destrucción de instalaciones educativas; o si hay presencia de trabajo infantil en su negocio o en su cadena de suministro donde estos menores no pueden asistir a la escuela.

Más detalles sobre este derecho pueden ser encontrados por el emprendedor en la Observación General 11 (1999) y la Observación General 13 (1999) del Comité DESC.

Derecho a la vida

Este derecho es reconocido a nivel internacional por el artículo 6º del PIDCP y el artículo 4º de la CADH. A nivel interno, en México este derecho se reconoce en los artículos 14 y 22 de la Constitución.

El derecho a la vida conlleva el derecho a no ser privado de la vida de manera arbitraria o ilegal, y a que su vida esté protegida. El derecho a no perder la vida por un homicidio o asesinato arbitrario es un derecho fundamental e incluye el deber de los gobiernos de investigar tales homicidios o asesinatos y castigar a los infractores.

Este derecho puede sufrir impactos negativos por las empresas que emplean, cooperan o se benefician de la protección de las fuerzas de seguridad del gobierno para su personal e instalaciones. El derecho puede ser impactado negativamente por aquellas compañías ubicadas en países regidos por regímenes opresivos si la empresa recibe beneficios directos de las violaciones a los derechos humanos por parte del Estado. Ambas situaciones podrían llevar a la complicidad de parte de la empresa en las violaciones del derecho a la vida en el país.

El derecho a la vida exige que los gobiernos se abstengan de cometer homicidios o asesinatos ilegales o arbitrarios. También requiere medidas positivas para hacer efectivo el derecho a la vida. "Se ha interpretado en términos generales que incluye el derecho de acceso a las necesidades básicas que permiten la supervivencia (por ejemplo, alimentos, medicamentos esenciales) y la provisión de una protección razonable contra las amenazas a la vida" (Pelayo Moller, 2013, p. 37). Estas amenazas pueden surgir fuera del contexto de la violencia, por ejemplo, en el entorno de la seguridad en el trabajo. Las acciones de las empresas pueden impactar negativamente el derecho a la protección de la vida si adoptan normas inadecuadas de salud y seguridad en el trabajo que den lugar a la pérdida de vidas de trabajadores u otras personas. Este deber va más allá del lugar de trabajo si se fabrican y venden productos con defectos letales.

Las empresas también pueden adoptar medidas que ayuden a promover el derecho a la vida; un ejemplo es el uso de sus canales de distribución para difundir información sobre cómo evitar contraer el VIH/SIDA u otras enfermedades infecciosas. También pueden producir y hacer accesibles bienes y servicios esenciales a bajo costo.

Es posible que surjan denuncias de complicidad en violaciones del derecho a la vida si los productos que fabrica una empresa son utilizados indebidamente por los compradores de manera que la empresa podría o debería haber previsto, como el uso de productos farmacéuticos en ejecuciones. Las empresas que producen o suministran armas también están en condiciones de menoscabar el derecho a la vida, pues deben velar por que no existan tratos de ningún tipo con armas ilegales y cumplan los embargos internacionales de armas.

Si el emprendedor quiere tener más detalles sobre este derecho, puede consultar la Observación General 6 (1982) y la Observación General 14 (1984) sobre las armas nucleares y el derecho a la vida, ambas del Comité de Derechos Humanos de las Naciones Unidas.

Derecho a no ser sometido a tortura, tratos crueles, inhumanos y o degradantes o a castigos

El artículo 7° del PIDCP y el artículo 5° de CADH reconocen a nivel internacional este derecho. En México este derecho esta reconocido en los artículos 20, 22 y 29 de la Constitución.

Este derecho tiene un estatus especial en el derecho internacional de los derechos humanos y no está sujeto a restricciones ni condiciones bajo ninguna circunstancia. Además de proteger frente a la tortura, las penas o tratos crueles, inhumanos o degradantes, este derecho también establece la seguridad de las personas ante ser sometidas a experimentos médicos o científicos sin su consentimiento. "La tortura es el más grave de los actos prohibidos de maltrato: implica dolor o sufrimiento severo, físico o mental que se inflige intencionalmente para un propósito particular (por ejemplo, extraer una confesión)" Bernath (2010). El trato cruel e inhumano también conlleva un grave sufrimiento para la víctima, aunque en menor escala que la tortura, mientras que el tratamiento degradante se caracteriza por la extrema humillación de la víctima. La violación y los actos de violencia sexual forman parte de la protección que brinda este derecho.

El derecho a no ser sometido a tratos inhumanos o degradantes puede ser impactado negativamente por las empresas si, por ejemplo, los miembros del personal son objeto de hostigamiento grave o condiciones de trabajo peligrosas que causen un serio sufrimiento psicológico. Las compañías farmacéuticas y otros que participan en investigaciones médicas o científicas pueden tener un impacto negativo en el derecho si este tipo de experimentación se realiza sin consentimiento. Las empresas también podrían enfrentar acusaciones de complicidad en violaciones cometidas por terceros si sus productos son mal utilizados para cometer actos de tortura, además de que pueden atraer denuncias de complicidad en violaciones del derecho a no ser torturadas por acciones de regímenes opresivos con quienes tienen una relación comercial. Dichas relaciones pueden ser con empresas comerciales conjuntas o con la participación de las fuerzas de seguridad de un país para proteger las instalaciones de la empresa.

Para tener más detalles sobre este derecho, el emprendedor puede consultar en el Comentario General 20 (1992) del Comité de Derechos Humanos de la ONU y la Convención contra la Tortura y Otros Tratos o Penas Crueles, Inhumanos o Degradantes (1984).

Derecho a no ser sometido a esclavitud servidumbre o trabajo forzoso

A nivel internacional este derecho se encuentra reconocido por el artículo 8º del PIDCP y el artículo 6º de la CADH. Los artículos 1° y 29 de la Constitución, reconocen en México este derecho.

La esclavitud ocurre cuando un ser humano posee efectivamente a otro. El derecho a no ser sometido a servidumbre abarca otras formas de dominación, explotación económica o sexual atroz y degradación de los seres humanos que podrían surgir, por ejemplo, en el contexto de la trata de personas, la servidumbre y la servidumbre por deudas. Dada la naturaleza extrema de estas violaciones de los derechos humanos, los derechos a la libertad de la esclavitud y la servidumbre no están sujetos a restricciones.

El trabajo forzoso u obligatorio también es prohibido, y está definido por la OIT como *todo trabajo o servicio que se exija a cualquier persona bajo amenaza de alguna sanción y por la cual dicha persona no se haya ofrecido voluntariamente.* El hecho de que se pague a la persona por su trabajo no significa que el trabajo no sea forzado si se cumplen los otros elementos del trabajo forzoso. A diferencia de las libertades de la esclavitud y la servidumbre, el derecho a la libertad de trabajo forzado puede restringirse en ciertas circunstancias como las emergencias nacionales. En virtud del artículo 8 del PIDCP (numeral 3, inciso c), las obligaciones cívicas como la lucha contra incendios y las obligaciones especiales en algunas circunstancias de los médicos para proporcionar asistencia médica, no están clasificadas como trabajo forzado.

Las formas de trabajo en servidumbre se encuentran en todo el mundo. Los ejemplos pueden incluir que "una persona en deuda se vea obligada a trabajar sin goce de sueldo para pagar esa deuda, o cuando un trabajador migrante presente sus documentos de identidad a un empleador y se vea obligado a trabajar para reclamar los documentos" (ONU, 2014, p. 3).

El trabajo penitenciario está permitido en ciertas circunstancias; sin embargo, debe tenerse en cuenta que las normas de la OIT prohíben el uso por parte de empresas privadas del trabajo penitenciario involuntario.

Las empresas se arriesgan a acusaciones de abuso de estos derechos si hacen uso directo de esclavos, trabajos forzados, en condiciones de servidumbre o involuntarios. Las compañías también pueden arriesgarse a las acusaciones de complicidad si se benefician del uso de dicha mano de obra por parte de proveedores, subcontratistas y otros socios comerciales.

Las aerolíneas, la industria naviera y otras industrias de transporte, así como las del sector turístico, pueden entrar en contacto con la trata de personas donde las personas se trasladan de un lugar a otro con fines de trabajo forzoso o en condiciones de servidumbre como la prostitución forzada o servidumbre doméstica. Cuando las empresas participan en iniciativas de acción colectiva que ayudan a crear conciencia sobre el trabajo forzoso y la trata de personas, están promoviendo este derecho.

Más detalles sobre este derecho pueden ser encontrados por el emprendedor en el Convenio 29 de la OIT (1930) sobre el trabajo forzoso.

Derecho a participar en la vida cultural, beneficiarse del adelanto científico, y a la protección de derechos materiales y morales de autor e inventor

Este derecho es reconocido a nivel internacional por el artículo 15 del PIDESC y el artículo 14 del Protocolo de San Salvador.

A nivel interno, en México este derecho se reconoce en los artículos 2°, 3°, 4° y 28 de la Constitución.

Este derecho reconoce que toda persona puede participar en la vida cultural de la sociedad, a disfrutar de los beneficios del progreso científico y a recibir protección por los intereses morales y materiales derivados de sus trabajos científicos, literarios o artísticos. Los gobiernos deben tomar medidas para garantizar el cumplimiento del derecho, incluidas las acciones necesarias para la conservación, el desarrollo y la difusión de la ciencia y la cultura; también deben garantizar el respeto del derecho a realizar investigaciones científicas y participar en actividades creativas. Los beneficios de los contactos internacionales y la cooperación en los campos científico y cultural deben ser reconocidos y alentados.

El derecho a participar en la vida cultural abarca los derechos de las personas y las comunidades a transmitir sus valores únicos, costumbres, idioma, religión y referencias culturales (por ejemplo, música, ceremonias, deporte, artes, métodos de producción). "La vida cultural incorpora la cultura como un proceso vivo, arraigado en la historia, pero dinámico y en evolución. Las prácticas culturales son esenciales para añadir sentido a la vida comunitaria" (CNDH1, 2016, p. 16). La gente debe ser capaz de aprender sobre su propia cultura y apoyar a las instituciones culturales como bibliotecas, museos y estadios deportivos. Este derecho es de particular importancia para los pueblos indígenas que tienen derecho a preservar, proteger y desarrollar sistemas y expresiones culturales de conocimientos indígenas y tradicionales. La diversidad cultural debe ser aceptada, mientras que la asimilación forzada no debe tener lugar.

El derecho de todos a disfrutar de los beneficios del progreso científico y de sus aplicaciones está diseñado para garantizar que todos en la sociedad puedan disfrutar de los avances en este ámbito, en particular los grupos desfavorecidos. Varios organismos nacionales e internacionales, entre ellos el Comité de Derechos Económicos, Sociales y Culturales de las Naciones Unidas, han declarado que los derechos pertenecen exclusivamente a individuos o grupos de individuos, en lugar de a corporaciones, y no son en ningún caso los mismos que los derechos de propiedad intelectual consensuados en acuerdos comerciales. El derecho incluye el que detenta toda persona a buscar y recibir información sobre nuevos avances científicos y a tener acceso a cualquier evolución que pueda mejorar su calidad de vida.

Las actividades de la empresa pueden influir en este derecho, positiva o negativamente, a través de todos los campos de la investigación y el desarrollo científico. Se argumenta que el respeto de los derechos de propiedad intelectual es necesario para crear el incentivo para que las corporaciones lleven a cabo la investigación y el desarrollo, lo que a su vez genera innovaciones e invenciones que benefician a la sociedad. Sin embargo, algunos sostienen que la adquisición y el ejercicio de derechos de propiedad intelectual sobre los resultados de la investigación científica restringen el disfrute del derecho en cuestión. Las empresas pueden tener un impacto positivo en este derecho compartiendo los beneficios de los avances científicos, incluso en el ámbito de la tecnología de la información y la medicina.

Las actividades de las empresas que involucran la extracción de recursos o nuevas construcciones (tales como la instalación de tuberías o la instalación de infraestructura de redes) podrían impactar negativamente este derecho separando a los grupos de áreas de importancia y conocimiento cultural o dañando su patrimonio cultural.

Si el emprendedor quiere tener más detalles sobre este derecho, puede consultar la Observación General 17 (2006) y la Observación General 21 (2009) del Comité DESC.

Derechos a la libertad y a la seguridad de la persona

El artículo 9º del PIDCP y los artículos 7º y 8º de la CADH reconocen a nivel internacional este derecho. En México este derecho está reconocido en el artículo 16 de la Constitución.

El derecho a la libertad y a la seguridad de la persona prohíbe la detención o el encarcelamiento ilícitos o arbitrarios de cualquier tipo. El arresto o la detención son lícitos o legales si están contemplados por la ley de un país y son autorizados por el organismo de gobierno correspondiente, los tribunales en este caso. Sin embargo, un caso de detención o prisión será contrario a este derecho si es arbitrario, incluso si es lícito con arreglo al derecho interno de un país. "La arbitrariedad de un caso de arresto o detención se determina teniendo en cuenta diversos factores, entre ellos su proporcionalidad, razonabilidad, idoneidad y previsibilidad" (Pérez Johnston, 2013, p. 1,535)

Este derecho se aplica a todos los lugares de detención como las cárceles, las instituciones psiquiátricas y los centros de detención de inmigrantes. Las empresas pueden ser objeto de denuncias de complicidad en los abusos gubernamentales si facilitan la detención arbitraria o ilícita de personas como puede ocurrir con las empresas que prestan servicios penitenciarios u otros servicios de detención.

En este derecho también se reconoce el derecho a la seguridad de las personas, tanto si están detenidas como si no. La seguridad de la persona incluye la protección contra lesiones físicas o mentales, independientemente de que la víctima esté detenida o no. Las empresas pueden proteger la seguridad de la persona cuando ofrecen servicios de seguridad y prestan apoyo a las investigaciones de las violaciones del derecho. A la inversa, las empresas podrían impactar negativamente al disfrute del derecho si, por ejemplo, amenazan al personal con la violencia o son cómplices en casos de acoso grave por parte de otras personas como personal de seguridad contratado u otros empleados. También la empresa puede impactar de manera negativa a este derecho si alguno de sus proveedores permite sistemáticamente que el abuso sexual a las mujeres trabajadoras siga y sea un asunto desatendido en el lugar de trabajo.

Para tener más detalles sobre este derecho, el emprendedor puede consultar la Observación General 35 (2014) del Comité de Derechos Humanos de la ONU.

Derechos a la libertad contra la propaganda de guerra y contra la incitación al odio racial, religioso o nacional

A nivel internacional este derecho se encuentra reconocido por el artículo 20 del PIDCP y el artículo 13 de la CADH. Los artículos 6° y 7° de la Constitución reconocen en México este derecho.

Este derecho conlleva la prohibición de la propaganda bélica y de toda apología del odio nacional, racial o religioso que constituya una incitación a la discriminación, la hostilidad o la violencia. En este derecho se establece un ámbito de expresión que no está protegido por el derecho a la libertad de expresión. La prohibición de la propaganda de guerra se extiende a todas las formas de propaganda que amenacen o den lugar a un acto de agresión o quebrantamiento de la paz que es ilegal en virtud de la Carta de las Naciones Unidas. No está prohibido abogar por una guerra en autodefensa o por el ejercicio del derecho de autodeterminación de un pueblo.

"La segunda parte del derecho está dirigida contra el discurso de odio, que es un discurso que denigra a las personas e incita al odio contra ellas sobre la base de su raza, religión o nacionalidad" (Pou Giménez, 2013, p. 910). Este aspecto del derecho es de particular importancia para las empresas de medios de comunicación y también para las telecomunicaciones y las compañías de internet que albergan *chat-lines*, sitios web u otros medios de comunicación pública a través de los cuales se podría emitir el discurso de odio. Las empresas que apoyan o participan en campañas para combatir el racismo y promover la diversidad contribuyen a facilitar el disfrute de este derecho.

Más detalles sobre este derecho pueden ser encontrados por el emprendedor en la Observación General 11 (1983) del Comité de Derechos Humanos de la ONU.

Derecho a un juicio justo

Este derecho es reconocido a nivel internacional por el artículo 14 del PIDCP y el artículo 8º de la CADH. A nivel interno, en México este derecho se reconoce en los artículos 14 y 16 de la Constitución.

El derecho a un juicio justo e igualdad ante los tribunales se requiere tanto en los procedimientos penales como en los civiles para garantizar la correcta administración de la justicia. Los derechos incluyen el de una audiencia pública ante una corte o tribunal imparcial. Como lo señala Ruíz Cruz (2016), los procedimientos penales exigen garantías adicionales para el acusado, como la presunción de inocencia, el derecho a interrogar a los testigos en igualdad de condiciones que la fiscalía, el derecho a un intérprete si el acusado no comprende el lenguaje utilizado en el tribunal y el derecho a una revisión de la condena y sentencia por un tribunal superior de acuerdo con la ley.

Es raro que las actividades de una empresa tengan un impacto directo sobre este derecho; pero pueden tener un impacto negativo si intentan corromper el proceso judicial, por ejemplo, sobornando a jueces o testigos o destruyendo evidencia relevante. Las empresas pueden facilitar el derecho ayudando a proporcionar representación legal a los empleados u otras partes interesadas que de otra manera no pueden pagarla.

Si el emprendedor quiere tener más detalles sobre este derecho, puede consultar la Observación General 32 (2007) del Comité de Derechos Humanos de la ONU.

Derecho a participar en la vida pública

El artículo 25 del PIDCP y el artículo 23 de la CADH reconocen a nivel internacional este derecho. En México este derecho está reconocido en el artículo 35 de la Constitución.

El derecho a participar en la vida pública se refiere al que tienen los ciudadanos a participar en la dirección de los asuntos públicos y a elegir libremente representantes para que desempeñen funciones gubernamentales en su nombre. "Este derecho delinea aspectos específicos del derecho a la participación política, como el derecho a votar y a ser elegido en elecciones libres y justas, y el derecho a la igualdad de acceso a los cargos de la administración pública" (Corte IDH, 2018, p. 23). Las condiciones que restrinjan los derechos políticos deben establecerse por ley y basarse en criterios objetivos y razonables, un ejemplo de tal condición es el requisito de una edad mínima razonable para los votantes.

Los gobiernos deberían adoptar medidas positivas para superar las barreras a la votación libre y justa como el analfabetismo, las redes inadecuadas de transporte y comunicaciones en regiones remotas, las barreras lingüísticas o la pobreza. Es importante que la información y las ideas sobre cuestiones públicas y políticas se comuniquen libremente.

Las empresas de medios de comunicación tienen un papel que desempeñar para asegurar una información equilibrada y que no estén indebidamente influenciadas por el gobierno u otros partidos políticos o por persuasiones. Los monopolios de los medios de comunicación son motivo de preocupación a este respecto, ya que pueden limitar la emisión de opiniones políticas diversas. El derecho a la igualdad de acceso a la función pública es importante para las empresas privadas que asumen contratos de servicio público y, por lo tanto, asumen las funciones tradicionales del gobierno como las empresas de servicios públicos y las prisiones privadas. Las empresas también pueden facilitar el disfrute de este derecho permitiendo a los empleados tiempo libre para votar y colaborando en campañas para promover una mayor participación cívica. Por el contrario, una empresa impactaría negativamente a este derecho si soborna a figuras políticas o realiza otros usos incorrectos de la influencia de la compañía que pueden distorsionar el proceso electoral o impedir las elecciones libres y justas.

Para tener más detalles sobre este derecho, el emprendedor puede consultar la Observación General 25 (1996) del Comité de Derechos Humanos de la ONU.

Derechos de las minorías

Este derecho es reconocido a nivel internacional por el artículo 27 del PIDCP. A nivel interno, en México este derecho se reconoce en el artículo 2° de la Constitución.

Estas normas reconocen el derecho de los miembros de minorías étnicas, religiosas o lingüísticas a disfrutar de su propia cultura, practicar su religión y hablar su idioma. Los pueblos indígenas están incluidos en la protección de este derecho; sus intereses también pueden estar protegidos en virtud del derecho a la autodeterminación. Este derecho se aplica a los migrantes, incluidos los recién llegados.

Las empresas pueden facilitar el disfrute de este derecho, por ejemplo, promoviendo la diversidad en sus lugares de trabajo y en el trabajo; lo cual puede consistir en permitir que los empleados observen las fiestas religiosas, usen atuendos tradicionales o proporcionen oportunidades de empleo a las minorías.

La protección de la cultura de los grupos minoritarios puede incluir la protección de un modo de vida asociado con el uso de la tierra mediante actividades tradicionales como la caza o la pesca. Las empresas pueden verse enfrentadas a un conjunto de reclamaciones y presiones sociales cuando coinciden la actividad empresarial y los derechos de las minorías. "Las consultas son cruciales y deben celebrarse con las comunidades indígenas y minoritarias siempre que se adopten decisiones que puedan afectar a sus tierras, medios de vida y cultura" (Monge y Rodríguez, 2014, p. 130). Las reivindicaciones de las minorías a veces entran en conflicto con los proyectos de desarrollo económico; lo que lleva a que es más probable que esos proyectos sean compatibles con este derecho si se ha consultado a los pueblos afectados y se han tenido en cuenta sus necesidades culturales en el diseño de los proyectos pertinentes.

Las empresas pueden generar impactos negativos a este derecho si, por ejemplo: no se realizan los ajustes razonables para los empleados que usan una forma tradicional de sombrero, boina o tocado cuando esto no plantea un problema legítimo para la seguridad o el desempeño; o si se hace uso de una extensión de tierra de una manera que debilita el modo tradicional de vida (actividades ceremoniales) de un grupo minoritario.

Si el emprendedor quiere tener más detalles sobre este derecho, puede consultar la Observación General 23 (1994) del Comité de Derechos Humanos de la ONU.

Derecho de las personas detenidas a un trato humano

A nivel internacional este derecho se encuentra reconocido por el artículo 10 del PIDCP y el artículo 5º de la CADH. El artículo 18 de la Constitución reconoce en México este derecho.

El derecho de las personas detenidas a recibir un trato humano proporciona protección especial a las personas privadas de libertad, un grupo que es altamente vulnerable a los abusos de los derechos humanos. "Este derecho impone obligaciones a las autoridades de detención, como las autoridades penitenciarias y los hospitales psiquiátricos" (Corte IDH, 2017, p. 12). Estos deberes incluyen: tratar a los detenidos con humanidad y respetar la dignidad inherente a la persona humana, separar a los presos en prisión preventiva, separar a los jóvenes de otros detenidos y proporcionar un régimen que facilite su rehabilitación social. El tratamiento humano incluye la provisión de un mínimo de servicios para satisfacer las necesidades básicas de los reclusos, como alimentos, ropa, atención médica y medios de comunicación adecuados.

Las actividades de las empresas que operan en centros de detención (prisión o centro de detención de inmigrantes) o que brindan servicios de administración penitenciaria son las que tienen mayor probabilidad de afectar estos derechos, si en dichos centros las personas detenidas son maltratadas.

Más detalles sobre este derecho pueden ser encontrados por el emprendedor en la Observación General 21 (1993) del Comité de Derechos Humanos de la ONU.

Derecho a la libertad de movimiento

El artículo 12 del PIDCP y el artículo 22 de la CADH reconocen a nivel internacional este derecho. En México este derecho está reconocido en el artículo 11 de la Constitución.

Este derecho contiene cuatro partes: las primeras tres se refieren a permitir a las personas que se encuentran legalmente en un país moverse libremente en él, elegir dónde vivir dentro del país y salir de este si lo desean. Estas tres partes del derecho pueden estar limitadas por restricciones al movimiento que son necesarias para proteger la seguridad nacional, el orden público, la salud pública o la moral, o los derechos y libertades de los demás. La cuarta parte se relaciona con otorgar a las personas el derecho a no ser impedido arbitrariamente de ingresar a su propio país.

De acuerdo con el IIDH (2018), las actividades de las empresas pueden tener un impacto en este derecho si, por ejemplo, una comunidad tiene que ser reubicada debido a las operaciones de la compañía, lo que restringe la libertad de las personas para elegir dónde viven.

La reubicación relacionada con el desarrollo solo está permitida si es absolutamente necesaria y siempre que no se realice de forma arbitraria o irrazonable. Para este fin, la libertad de movimiento debe ser reconocida y considerada como parte de cualquier discusión relacionada con la reubicación. El reasentamiento debe lograrse legalmente después de consultar, notificar y compensar y, de manera ideal, con el consentimiento de los afectados.

El trabajo en condiciones de servidumbre, en situaciones donde se retiene el pasaporte de un trabajador o los documentos de viaje, viola el derecho a la libertad de movimiento.

Para tener más detalles sobre este derecho, el emprendedor puede consultar la Observación General 27 (1999) del Comité de Derechos Humanos de la ONU.

Derecho al reconocimiento como persona ante la ley

El artículo 16 del PIDCP y el artículo 3º de la CADH reconocen a nivel internacional este derecho. En México este derecho está reconocido en los artículo 4° y 29 de la Constitución.

Este derecho garantiza que una persona esté dotada de la capacidad de ser una persona ante la ley; es decir, un ser humano debe ser reconocido como una persona con personalidad jurídica. La negación del reconocimiento legal independiente de una persona suele ser un precursor de la negación de otros derechos humanos fundamentales como los derechos a la libertad y a la vida. Ejemplos de violaciones de este derecho son las leyes que tratan a las mujeres casadas como propiedad de sus esposos, a los hijos como propiedad de sus padres o la propiedad de una mujer casada como propiedad de su esposo.

Según lo señalado por el IIDH (2018), es poco probable que las actividades de una empresa tengan algún impacto directo sobre este derecho, aunque pueden ser cómplices en el abuso del mismo por parte de otros.

Derecho a no ser sujeto a prisión por incapacidad para cumplir con un contrato

Este derecho es reconocido a nivel internacional por el artículo 11 del PIDCP y el artículo 7° de la CADH. A nivel interno, en México este derecho se reconoce en el artículo 17 de la Constitución.

Este derecho prohíbe el encarcelamiento de personas que no pueden pagar una deuda cuando la deuda en cuestión es una obligación privada (y no una deuda pública como la obligación de pagar impuestos), y surge cuando una persona es incapaz (en lugar de no querer) de pagar la deuda o cumplir el contrato. Este derecho está dirigido al país que debe restringir los tipos de castigo que pueden imponerse por la imposibilidad de cumplir las promesas contractuales privadas.

Es poco probable que las actividades de las empresas repercutan directamente en este derecho, pero es posible que las empresas tengan que responder en los casos en que los empleados u otros interesados se vean afectados.

Derecho de los extranjeros al debido proceso ante una situación de deportación

A nivel internacional este derecho se encuentra reconocido por el artículo 13 del PIDCP y en los artículos 8° y 9° de la CADH. El artículo 16 de la Constitución reconoce en México este derecho.

Este derecho garantiza que los extranjeros que están legalmente presentes en un país no sean expulsados de él sin el debido proceso, de conformidad con la ley. Incluye el derecho de que un extranjero tenga la oportunidad de presentar razones por las que no debe ser expulsado y de que se revise cualquier decisión de expulsión. El debido proceso (es decir, los procedimientos justos) con respecto a una deportación no tiene que llevarse a cabo de conformidad con lo que este derecho contempla si existen necesidades apremiantes de seguridad nacional, "aunque el país siempre debe tener el cuidado de deportar a una persona a otro país donde existe un riesgo real de que esa persona sea sometida a tortura o malos tratos al regresar" (Witker Velázquez, 2016, p. 84).

Las empresas rara vez tendrían un impacto directo sobre este derecho, aunque podrían ser cómplices en una deportación ejecutada por un gobierno que viola el derecho en cuestión. Las empresas que dependen de trabajadores inmigrantes (ya sea directamente o a través de una agencia de terceros) pueden correr el riesgo de que sus operaciones estén vinculadas a tal impacto. Sin embargo, cuando los empleados de la empresa u otras partes interesadas se ven afectadas negativamente, pueden tener un papel positivo para ayudar a esas personas.

Derecho a estar libre de la ley penal retroactiva

Este derecho es reconocido a nivel internacional por el artículo 15 del PIDCP y el artículo 9° de la CADH. A nivel interno, en México este derecho se reconoce en el artículo 14 de la Constitución.

El derecho a la libertad de la ley penal retroactiva prohíbe al país imponer sanciones penales por un acto cometido que no era ilegal en el momento en que se cometió. También impide que los países impongan penas más severas por delitos que aquellas que se prescribieron en el momento en que se cometió el delito. Además, las leyes penales deben ser razonablemente claras y precisas, de modo que las personas puedan saber si su conducta es criminal según la ley o no.

Es poco probable que las actividades de una empresa tengan un impacto directo sobre este derecho, a menos que de alguna manera presionen para verse favorecidos o se beneficien directamente de ellas o faciliten la promulgación de tales leyes.

Derecho a la libre determinación

El artículo 1° del PIDCP y el artículo 1° del PIDESC reconocen a nivel internacional este derecho. En México este derecho está reconocido en el artículo 2° de la Constitución.

Este derecho permite a los pueblos determinar su estatus político y su lugar en la comunidad internacional. Incluye el derecho de los pueblos a desarrollarse y progresar en términos sociales, económicos y culturales, a disponer de los recursos naturales y la riqueza de sus tierras, y no ser privado de sus propios medios de subsistencia. El derecho a la autodeterminación se refiere a la libertad de dominación por parte de un poder extranjero. Es un derecho colectivo o de grupo de *pueblos*, a menudo entendido como pueblos bajo un régimen colonial o comparable. El derecho de autodeterminación de los pueblos indígenas también ha sido reconocido por la comunidad internacional. Como un derecho disfrutado por un grupo, difiere de la mayoría de los demás derechos humanos, que se enmarcan como derechos del individuo.

Si bien en algunos casos el derecho a la autodeterminación puede llevar a que los pueblos reclamen su independencia de un país, la autodeterminación "también abarca principios tales como los derechos de los pueblos a elegir su estatus político dentro de un país y a tener un papel significativo en el proceso político" (Medina, 2017).

Los aspectos del derecho de autodeterminación que tienen particular relevancia para las empresas son los derechos para perseguir el desarrollo económico, social y cultural y disponer de la riqueza y los recursos naturales de una tierra.

Las actividades de una empresa pueden tener un impacto negativo en el derecho si, por ejemplo, se le permite construir una instalación en un terreno que tiene un significado tradicional para los pueblos que habitan el área. Del mismo modo, si un gobierno otorga a una empresa una licencia para extraer recursos naturales de la tierra sin consultar con las personas que la habitan, la empresa puede verse afectada por el derecho de los habitantes a disponer de sus riquezas y recursos naturales o sus medios de subsistencia. Por el contrario, una empresa puede facilitar el disfrute del derecho cuando consulta con las personas interesadas, obtiene su consentimiento y tiene en cuenta su perspectiva.

Para tener más detalles sobre este derecho, el emprendedor puede consultar la Observación General 12 (1984) del Comité de Derechos Humanos de las Naciones Unidas, la Resolución 2625 (XXV) de la Asamblea General de las Naciones Unidas, de 24 de octubre de 1970, y la Recomendación General 21 (1996) del Comité de las Naciones Unidas para la Eliminación de todas las Formas de Discriminación Racial.

ESTABLECER LAS BASES EN LA EMPRESA PARA RESPETAR LOS DERECHOS HUMANOS

Los elementos sobre los que descansa la responsabilidad que tiene un emprendedor para que su empresa respete los derechos humanos se originan en lo establecido por los Principios Rectores sobre las Empresas y los Derechos Humanos, aprobados en 2011 por las Naciones Unidas, instrumento que México adopta al ser miembro de tal organismo internacional. La aceptación de los Principios Rectores representa un deber tanto para el país, como para las empresas que desarrollan sus actividades en él.

Al centrarse estos Principios Rectores en el respeto de los derechos humanos, "reconocen que las empresas pueden asumir compromisos o actividades para apoyar y promover los derechos humanos, como los que se exigen en el Pacto Mundial de las Naciones Unidas" (ACNUDH, 2011, p. 1). Sin embargo, el compromiso de apoyar los derechos humanos no elimina la responsabilidad de una empresa de respetarlos en todas sus operaciones.

El emprendedor, sus empleados y colaboradores deben tener claro que todas las empresas tienen que respetar los derechos humanos. "Eso significa que deben abstenerse de infringir los derechos humanos de terceros y hacer frente a [los impactos negativos] sobre los derechos humanos en las que tengan alguna participación" (ACNUDH, 2011, p. 15).

La noción de la responsabilidad empresarial comprende que el emprendedor, a través de su empresa al llevar a cabo cualquier tipo de actividad empresarial permitida por la ley, debe cerciorarse que estas no vulneren los derechos humanos de las personas en el proceso. Por ejemplo, si una escuela desarrolla con frecuencia ciertas actividades en las calles que están a su alrededor impidiendo o complicando el acceso a las mismas, a pesar de que cuenta con la autorización del gobierno municipal para hacerlo, tiene la obligación de verificar que no vulnera el disfrute del derecho al libre tránsito de quienes utilizan esas vías diariamente. Asimismo, si un restaurante, contando con los permisos correspondientes de salubridad e higiene, deja al arbitrio de los empleados la forma de seguir las normas de higiene y calidad para la preparación de sus platillos, pudiera estar vulnerando el derecho a la salud de los comensales.

La responsabilidad de respetar los derechos humanos no es opcional para el negocio de un emprendedor, y no se limita al cumplimiento de las disposiciones de las leyes mexicanas, ya que quizá no existan leyes que contemplen la protección de cierto derecho humano. "Esa responsabilidad subsiste más allá del cumplimiento de la ley y constituye una norma de conducta mundial aplicable a todas las empresas en todas las situaciones" (ACNUDH, 2012, p. 16).

La responsabilidad de respetar los derechos humanos exige que el emprendedor evite que las actividades de su empresa provoquen o contribuyan a provocar impactos negativos sobre los derechos humanos y se haga responsable por esos efectos cuando se produzcan. Pero también requiere que su empresa trate de prevenir o mitigar los impactos negativos sobre los derechos humanos directamente relacionados con operaciones, productos o servicios prestados por sus relaciones comerciales, incluso cuando no hayan contribuido a generarlos.

El negocio de un emprendedor puede verse involucrado en la aparición de impactos negativos sobre los derechos humanos, cuando estos son **provocados** por sus propias actividades; o puede **contribuir** a ellos por sus propias actividades, ya sea directamente o a través de alguna entidad externa (gubernamental, empresarial o de otro tipo); o puede que, aunque no provoque los impactos negativos, ni contribuya a ellos, se vea involucrado porque estén causados por una entidad con la que mantiene una **relación comercial** y esté vinculada a sus propias operaciones, productos o servicios.

Si el emprendedor corre el riesgo de que su empresa se vea involucrada en producir o contribuir a que se produzca un impacto negativo sobre los derechos humanos por sus propias actividades, debe interrumpir o modificar la actividad en cuestión a fin de prevenir o mitigar la probabilidad de que ese impacto se produzca o vuelva a producirse. Si, a pesar de ello, ese efecto se produjera, la empresa deberá procurar activamente su reparación, bien directamente o en colaboración con otros (los tribunales, el gobierno, otras empresas involucradas u otras terceras partes).

Supongamos que un emprendedor desea contratar para su empresa restaurantera a mujeres que no pueden estar o quedar embarazadas. Al contratarlas se les solicita que firmen una carta de renuncia voluntaria que podrá ser utilizada en caso de que no estén cumpliendo las condiciones requeridas y entonces solicitarles abandonar la empresa; no recibiendo prestaciones económicas por maternidad o ninguna otra compensación por despido. Esta actividad produce un impacto negativo al derecho a la igualdad ante la ley, igualdad de protección de la ley y derechos de no discriminación; al derecho de protección de la familia y al derecho a casarse; al derecho a una vida familiar; al derecho a disfrutar de condiciones dignas y satisfactorias de trabajo; y al derecho de las minorías. Por lo anterior, la empresa debe interrumpir o modificar la actividad de contratar a las mujeres bajo las condiciones que lo está haciendo, además de reparar la afectación que pudieran haber sufrido las mujeres contratadas o despedidas bajo tales condiciones; y lo haría, por ejemplo, rompiendo todas las cartas de renuncia en su presencia y hacerles saber que el quedar embarazadas no generará ninguna acción en su contra y que si fuera el caso de estar embarazadas gozarán de la protección médica y económica que marca la Ley Federal del Trabajo y la Ley del Seguro Social.

Por otro lado, si su empresa se encuentra en riesgo de verse involucrada en la aparición de un impacto negativo únicamente porque ese impacto está vinculado a sus operaciones, productos o servicios a través de una relación comercial, la empresa no es responsable de ese impacto; esa responsabilidad recae en la entidad que la provocó o contribuyó a provocarla. "Así pues, la empresa no está obligada a la reparación (aunque puede decidir hacerse cargo de ella para proteger su reputación o por otros motivos)" (ACNUDH, 2012, p. 19). Eso puede suponer trabajar con esa entidad o con otras que puedan prestar ayuda.

Imaginemos que el emprendedor subcontrata el servicio de seguridad para una escuela de su propiedad en donde el proveedor del servicio hace trabajar a sus guardias 14 horas continuas. Esto por supuesto impacta negativamente al derecho a gozar de condiciones de trabajo justas y favorables; sin embargo, la escuela, propiedad del emprendedor, no es responsable de ese impacto, pero sí debe valorar si continua en la relación comercial con ese proveedor.

Es conveniente reiterarle al emprendedor que, de acuerdo con ACNUDH (2011), la responsabilidad de las empresas de respetar los derechos humanos se aplica a todas las empresas independientemente de su tamaño, sector, contexto operacional, propietario y estructura. No obstante, la responsabilidad que asume la empresa puede variar en función de la dimensión y variedad de los medios dispuestos por ella, y de la gravedad de los impactos negativos de las actividades de la empresa sobre los derechos humanos

El tamaño de la empresa influirá a menudo en el tipo de enfoque que se adopte para hacer frente a esa responsabilidad.

> Una empresa grande tendrá más empleados, normalmente realizará más actividades y mantendrá más relaciones que una pequeña. Eso puede hacer aumentar sus riesgos en relación con los derechos humanos. También es probable que las empresas grandes dispongan de sistemas y procedimientos más complejos para la adopción de decisiones, las comunicaciones, el control y la supervisión.

> Es más probable que tengan actividades, relaciones dentro de la cadena de valor o clientes en varios países en comparación con las empresas pequeñas, lo que dificulta la aplicación y la vigilancia del cumplimiento de las normas. Sus cadenas de valor también pueden ser más largas y complejas con múltiples tipos de relaciones, algunas de las cuales pueden plantear más riesgos relacionados con los derechos humanos que otras (ACNUDH, 2012, p. 23).

Todos estos factores tendrán que ser tomados en cuenta por la empresa grande cuando ponga en práctica sus políticas y procesos para garantizar el respeto de los derechos humanos. Sus procesos y políticas deben llegar a todas las áreas, departamentos o elementos de la compañía que se dediquen a las actividades y relaciones que pudieran o están asociadas a riesgos para los derechos humanos.

Por su parte, las pequeñas y medianas empresas generalmente disponen de una menor capacidad que las grandes, también de procedimientos y estructuras de gestión más informales, de modo que sus respectivos procesos y políticas adoptarán formas diferentes. Al tener menos empleados, las comunicaciones entre las áreas, departamentos o diferentes funciones pueden ser más sencillas y menos formales. Lo común es que las áreas, departamentos o funciones de supervisión y los sistemas internos sean menos complicados.

En la gran mayoría de los casos, los enfoques necesarios para incluir el respeto de los derechos humanos en las operaciones de una empresa pequeña pueden ser un reflejo de la menor complejidad de sus actividades. Aun así, el tamaño no es el único factor a la hora de determinar la naturaleza y magnitud de los procesos que una empresa necesita para gestionar sus riesgos relacionados con los derechos humanos. La gravedad de sus impactos negativos reales y potenciales es el factor más importante. Si regresamos al ejemplo de la empresa restaurantera que contrata mujeres que no pueden estar o quedar embarazadas, su impacto a los derechos humanos señalados es real y grave, por lo que deberá de ser su prioridad el *desaparecer* ese impacto, mitigarlo o remediarlo; sin embargo la forma de hacerlo es simple, no hay un grado de complejidad alto, esto es, sus procesos y políticas destinados a velar por que la empresa no se vea involucrada en esas violaciones son proporcionales a ese riesgo.

El sector y el contexto operacional en que se desenvuelva una empresa determinarán normalmente qué derechos humanos corren mayor riesgo de sufrir impactos negativos durante el desarrollo normal de sus actividades. El mantenimiento de una buena relación con los interesados locales facilitará a menudo que la empresa pueda entender mejor el contexto en que realiza sus actividades.

El sector al que pertenece una empresa determina muchas de las actividades que lleva a cabo, algunas de las cuales pueden plantear riesgos especiales en relación con los derechos humanos. Por ejemplo, un restaurante tiene una particular relación con riesgos relacionados con el derecho a la salud o el derecho a disfrutar de condiciones dignas y satisfactorias de trabajo. Una escuela primaria puede plantear un riesgo especial para el derecho a la educación o a los derechos de protección para el niño.

El contexto en donde opera una empresa también puede significar una diferencia importante. Si las autoridades de gobierno ponen poco interés en el cumplimiento de la legislación laboral, trabajar con proveedores tendrá un mayor riesgo de involucramiento en violaciones de los derechos de los trabajadores. Si la zona está afectada por un conflicto de seguridad pública o es propensa a que se produzca, puede haber riesgos especiales en relación con la seguridad o el derecho a la vida. Si la región sufre de escasez de agua, habrá un alto riesgo de que se generen impactos negativos sobre el derecho al agua potable segura. Si entre las comunidades afectadas hay migrantes, sus derechos pueden correr especial peligro.

Esos factores relacionados con el sector y el contexto en que opera la empresa son, por consiguiente, especialmente importantes o destacados en el momento en que el emprendedor determine qué derechos humanos corren mayor riesgo como resultado de las actividades de su empresa. Como se ha mencionado anteriormente, eso no significa que la compañía deba centrarse en esos derechos de forma exclusiva, aunque es probable que sean los que necesiten una mayor atención frecuente y estructurada.

Asimismo, todas las empresas tienen la misma responsabilidad de respetar los derechos humanos sea cual sea su forma de propiedad; esto es, no importa que sean privadas, pública, mixtas o de cualquier otro tipo de propiedad.

Las empresas pueden tener estructuras diversas, por ejemplo, algunas están totalmente separadas desde el punto de vista jurídico y funcional de cualquier otra empresa; otras siguen un modelo de franquicia con distintos grados de rigidez contractual para los franquiciados; algunas forman parte de un holding que agrupa a varias empresas; otras más funcionan como matriz y subsidiaria, en donde la empresa matriz puede ejercer distintos grados de control y, en consecuencia, delegar distintos niveles de autoridad en las subsidiarias.

Esta diversidad de estructuras no implica diferencia alguna en cuanto a si las entidades del grupo han de respetar los derechos humanos. Simplemente cambia cómo actúan para velar por que los derechos humanos se respeten en la práctica, por ejemplo, a través de sus acuerdos contractuales o sus sistemas internos de gestión o estructuras de gobernanza o rendición de cuentas. Si se producen violaciones de los derechos humanos, corresponderá a los tribunales del lugar donde operan determinar sobre quién recae la responsabilidad.

Para cumplir con su responsabilidad de respetar los derechos humanos, el emprendedor debe contar en su empresa con políticas y procedimientos apropiados en función de su tamaño y circunstancias, esto es: tener un compromiso político de asumir dicha responsabilidad; desarrollar un proceso de debida diligencia en materia de derechos humanos para identificar, prevenir, mitigar y rendir cuentas de cómo abordan su impacto sobre los derechos humanos; e implementar procesos que permitan reparar todas los impactos negativos sobre los derechos humanos que hayan provocado o contribuido a provocar.

Respetar los derechos humanos exige la toma de acciones por parte de la empresa. Es relativamente fácil para una empresa decir que respeta los derechos humanos, e incluso puede creer genuinamente que lo hace. Sin embargo, para que esa afirmación sea genuina y verdadera es necesario que la empresa sepa y pueda demostrar que respeta los derechos humanos en la práctica. Para eso es necesario que la compañía adopte determinados procesos y políticas. "En los Principios Rectores se definen como: una declaración de compromiso político, un proceso de debida diligencia en materia de derechos humanos y unos procedimientos que hagan posible la reparación" (ACNUDH, 2012, p. 27).

Tanto los procesos como las políticas apropiadas no exigirán necesariamente gran cantidad de recursos. Si el riesgo de la empresa de impactar negativamente los derechos humanos es bajo, sus procesos para hacer frente a ese riesgo pueden ser sencillos también. Además, cualquier empresa puede acudir a recursos externos para mantener los costos en un nivel razonable.

Muchas empresas, incluyendo las pequeñas y medianas, podrían beneficiarse de los recursos externos en materia de conocimientos especializados que pueden servir de apoyo y ayuda a sus esfuerzos por hacer frente a su responsabilidad de respetar los derechos humanos. El interés principal debe ponerse en la credibilidad de esos recursos, ya sean escritos, audiovisuales o humanos.

El emprendedor puede evaluar la credibilidad de esos recursos si obtiene respuestas a las siguientes preguntas: ¿hay referencias de otras empresas que los hayan utilizado satisfactoriamente?, ¿han sido elaborados por una persona u organización que goza de la confianza de los interesados y es respetada en su esfera de actividad? o ¿los recomiendan, utilizan o confían en ellos otras personas u organizaciones con buena reputación (en ese sector industrial, los círculos universitarios, la sociedad civil, incluidos los expertos en derechos humanos, etcétera)?

Como se menciona anteriormente, es relativamente fácil para un emprendedor señalar que su empresa respeta los derechos humanos o que está firmemente dispuesta a hacerlo. Aunque cumplir con ello ya es más difícil, especialmente en el caso de grandes empresas que tienen un considerable número de empleados, múltiples y complejas relaciones comerciales, y que desempeñan sus actividades en distintos lugares. También resulta difícil para las empresas en la que estas cuestiones son relativamente nuevas. Además, para mantener el respeto de los derechos humanos será a menudo necesario trabajar constantemente para evitar o solucionar los problemas que vayan surgiendo.

Es por eso por lo que un emprendedor no debe apresurarse a reconocer que tiene la responsabilidad de respetar los derechos humanos, ya que la realidad es que puede llevar tiempo saber, y demostrar, que su empresa está realmente haciendo frente a esa responsabilidad. Se sugiere al emprendedor que no intente superar ese obstáculo dejando entrever que su compromiso político no es más que un objetivo ideal o que mostraría a sus empleados y asociados comerciales que el compromiso es flexible o negociable y, en consecuencia, reduce sus expectativas y la motivación para lograrlo. Es importante que el emprendedor tenga claro que la responsabilidad de respetar los derechos humanos existe sea cual fuere el compromiso de su empresa, no es el compromiso de hacerle frente lo que crea la responsabilidad.

Un emprendedor hace bien en demostrar transparencia en los esfuerzos que realiza su empresa por gestionar la transición a medida que desarrolla o ajusta los procesos y políticas que necesita. Puede, por ejemplo, proporcionar información a sus empleados o al público en general sobre los plazos que se ha fijado para las distintas fases de implementación. Incluso, cabe la posibilidad de contratar los servicios de un grupo de expertos independientes (individuos u organizaciones respetados de la sociedad civil), de instituciones nacionales o locales de derechos humanos, de alguna universidad u otros ámbitos que le asesoren acerca del desarrollo de esos nuevos procesos o que supervisaran sus propios esfuerzos por hacerlo; si el emprendedor toma esta opción, la información independiente que este grupo de expertos o interesados de ese tipo proporcionen al público, proveerá un rasgo de transparencia y credibilidad a tales esfuerzos.

Dicho de otra manera, el hecho de que una empresa pueda demostrar que ha iniciado procesos serios para llevar a la práctica su compromiso político puede ayudarla a crear el ambiente organizacional que necesita para desarrollar los procedimientos, prácticas y políticas a nivel interno que le permitan hacer realidad ese compromiso. Este enfoque ofrece a la empresa una ventaja permanente cuando sus problemas en materia de derechos humanos evolucionan con el tiempo y requiera introducir ajustes en los sistemas para resolverlos.

Existen ciertas acciones clave bajo la responsabilidad del emprendedor para asegurar que su empresa no tenga impactos negativos en los derechos humanos de las personas a través de sus propias actividades y relaciones comerciales. Para ello nos apoyaremos en lo que establecen los Principios Rectores sobre las Empresas y los Derechos Humanos, aprobados en 2011 por las Naciones Unidas, específicamente los Principios Rectores 16, 17, 18, 19, 20, 21, 22, 23, 24, 29 y 31.

Dichas acciones serán abordadas en los apartados siguientes y consisten en desarrollar una política de derechos humanos, llevar a cabo la debida diligencia en materia de derechos humanos y proporcionar o cooperar en los procesos de remediación si la empresa ha causado o contribuido a un impacto negativo.

COMPROMISO POLÍTICO

Como base para incorporar la responsabilidad de respetar los derechos humanos, las empresas deben adoptar un compromiso de establecer una política, según lo señala el Principio Rector 16 de las Naciones Unidas. Esta política debe ser aprobada por el emprendedor para poder integrarse desde la parte superior de la empresa a través de todas sus funciones. Puede ser una declaración independiente o integrada en una política o código de conducta más amplio de la compañía, por ejemplo, la misión, la visión o los valores de la empresa. La política debe orientar con precisión tanto a las personas que laboran dentro de la empresa como a las que se vinculan con ella por una relación comercial o de otro tipo.

De acuerdo con Monash University (2017), como mínimo, la política debe incluir un compromiso claro de respetar todas las normas nacionales e internacionales de derechos humanos. El compromiso debe:

- Aprobarse por el emprendedor o en el nivel directivo más alto de la empresa.
- Ser resultado de la asesoría de personas o instituciones con experiencia interna y/o externa relevante.

- Determinar las expectativas de la empresa en materia de derechos humanos, de su personal, socios comerciales y otras partes directamente relacionadas con sus operaciones, productos o servicios.
- Provocar el desarrollo de procedimientos y sistemas internos necesarios para cumplir con el compromiso en la práctica.
- Estar disponible públicamente y comunicarse interna y externamente a todo el personal, socios comerciales y otras partes relevantes.
- Hacerse patente o evidenciarse en las políticas operativas y los procedimientos necesarios para integrarlo en toda la empresa.

El compromiso político de una empresa permanecerá inalterado normalmente durante un amplio período, como sucede con la misión o la visión de la empresa, aunque puede actualizarse a medida que se va adquiriendo experiencia. Es un punto de referencia fijo para los empleados, las partes con las que la empresa mantiene relaciones de trabajo y los interesados desde una perspectiva más amplia. En el compromiso se establecen expectativas fundacionales de las que habrán de surgir los procesos y políticas operacionales para su aplicación. "Por tanto, no es lugar para dar detalles de unos procesos y políticas que probablemente tendrán que modificarse con frecuencia según vayan cambiando las circunstancias" (Shift and Mazars, 2015, p. 28).

Debido a lo anterior, el grado de detalle de un compromiso político podría variar. Puede expresarse simplemente como un compromiso general de respetar todos los derechos humanos internacional y nacionalmente reconocidos y una expectativa de que aquellos con quienes la empresa trabaja también lo hagan. Además, puede incluir un resumen de aquellos derechos humanos que la empresa reconoce como los que probablemente serán más destacados para sus actividades, así como información sobre la forma en que responderá para hacer frente a su responsabilidad de respetar los derechos humanos. Sin embargo, la política debe reflejar un compromiso de respetar todos los derechos humanos internacional y nacionalmente reconocidos, incluso si algunos de ellos se ponen de relieve como especialmente destacados.

Un ejemplo de compromiso político de una empresa que puede ser útil para el emprendedor sería:

> La Responsabilidad Social Empresarial de la empresa incluye el compromiso corporativo de *respetar y evitar* cualquier violación de los derechos humanos de otras personas, incluyendo nuestro recurso humano y en especial los que están en posiciones más vulnerables como la niñez y las mujeres. Igualmente se compromete a resolver cualquier impacto negativo sobre estos derechos en los que se halle involucrada la empresa. Las acciones de *respetar y evitar* se aplican a las actividades propias de la empresa, así como a las de su cadena de valor en términos de operaciones, productos y servicios.
>
> Este compromiso corporativo también debe incluir el de *promover e incentivar* las acciones voluntarias, que impulsen los derechos humanos, incluidos los derechos

> de acceso a la justicia, equidad de género e igualdad de oportunidades y los del niño a través de actividades diseñadas por la empresa, alianzas estratégicas de cooperación con otras organizaciones o empresas y las inversiones sociales que tiene la empresa. (Universidad para la Paz, 2015, p. 27).

Los responsables de elaborar el compromiso político y los procesos relacionados con el respeto a los derechos humanos (no necesariamente tendrá que ser el emprendedor, pero es recomendable que participe en dicha elaboración) necesitarán saber qué derechos humanos tendrán mayor probabilidad de verse afectados por la actividad de la empresa, es decir, qué derechos son los más destacados en relación con sus operaciones, procurando al mismo tiempo que esos derechos no absorban su atención de manera exclusiva.

Por ejemplo, si regresamos al caso mencionado en el apartado anterior (restaurante en donde las mujeres no pueden estar o quedar embarazadas), en esa empresa, al elaborar el compromiso político y los procesos relacionados con el respeto a los derechos humanos, se tendrá que considerar que destacan cinco derechos humanos: el derecho a la igualdad ante la ley, igualdad de protección de la ley y derechos de no discriminación; el derecho de protección de la familia y el derecho a casarse; el derecho a una vida familiar; el derecho a disfrutar de condiciones dignas y satisfactorias de trabajo; y el derecho de las minorías.

Si una empresa realiza sus operaciones en contextos que puedan aumentar el riesgo relacionado con los derechos humanos, podría agregarlos a la lista de derechos humanos destacados que menciona en su compromiso político. Aún en el ejemplo anterior, supongamos que el restaurante en cuestión se localiza en una ciudad mexicana en donde las autoridades de todo tipo se caracterizan por una aplicación débil de las leyes que protegen a las mujeres; esta circunstancia se deberá también que considerar al momento de elaborar el compromiso político y los procesos en materia de respeto de los derechos humanos.

Existen diversas fuentes a las que un emprendedor puede acudir para que le ayuden a determinar en qué aspectos sobre los derechos humanos debe puntualizar en su compromiso político general y cómo debe hacerlo. En el primer caso, la propia experiencia de su empresa será un indicador importante de los aspectos más destacados, aunque no el único. Tal vez el emprendedor pueda contar también a nivel externo con especialistas en conocimientos en materia de derechos humanos o recurrir a diversas fuentes, muchas de ellas sin costo alguno.

En gran número de situaciones, el emprendedor encontrará de enorme valor las consultas con personas que representen a los grupos de interesados (sindicatos, asociaciones de padres de familia, organismos de la sociedad civil, etc.) que probablemente sean los que se vean más afectados por sus actividades. Esos representantes pueden proporcionar valiosos puntos de vista sobre la forma en que las empresas pueden tener impactos negativos para los derechos humanos y la magnitud potencial de dichos impactos. También podrán opinar acerca de la forma en que esos importantes grupos interesados probablemente interpretarán la redacción del proyecto de compromiso político.

Es fundamental para que se respeten los derechos humanos en una empresa, que se integren a la misma las políticas sobre los mismos. El liderazgo del emprendedor es esencial para garantizar que los descubrimientos se aborden en las áreas y los niveles apropiados de la organización, y la capacitación en derechos humanos es importante para asegurarse que los empleados sepan cómo responder adecuadamente cuando surgen situaciones imprevistas.

En la construcción de este compromiso político es necesario que el emprendedor haga tres consideraciones. Primera, la política puede incluir un compromiso de respetar los aspectos de los derechos humanos que corren el mayor riesgo de recibir los impactos negativos más graves a través de las actividades o relaciones comerciales de la empresa. Segunda, una política puede dirigirse a individuos o grupos específicos que quizá se verían afectados por las actividades de una empresa o a través de sus relaciones comerciales, o grupos a los que la empresa presta mayor atención. Tercera, al difundir el compromiso con el público, la empresa debe preguntarse si el compromiso es ampliamente accesible, en especial para sus partes interesadas clave; cómo se comunica ese compromiso a las entidades con las que la compañía tiene una relación (por ejemplo, socios comerciales, proveedores, organizaciones en la cadena de valor); y cómo se comunica el compromiso a los empleados y otras personas empleadas por la empresa.

En una empresa pequeña con un riesgo muy limitado para los derechos humanos, tal vez sea suficiente entregar al personal o publicar en redes sociales un documento sobre el compromiso político en el que se resalte la responsabilidad de respetar los derechos humanos y algunos aspectos fundamentales que deben llegar a su atención (por ejemplo, la no discriminación), lo que eso significa para las prácticas del personal y cómo deberá responder la empresa cuando aplique dicho compromiso (incluidas las consecuencias de las infracciones).

En el momento en que el emprendedor esté construyendo el compromiso político de su empresa, el Principio Rector 16 menciona que es oportuno que se planteé las siguientes preguntas:

1. ¿Qué elementos tendrá que contener la declaración del compromiso político de respetar los derechos humanos para establecer expectativas claras acerca del comportamiento del personal, los socios comerciales y demás partes ligadas con nuestras actividades?
2. ¿Qué elementos tendrá que contener la declaración del compromiso político de respetar los derechos humanos para generar dentro de la empresa la atención, las medidas y los recursos necesarios para su puesta en práctica?
3. ¿Qué elementos tendrá que contener la declaración del compromiso político de respetar los derechos humanos para ser creíbles a los ojos de nuestros principales grupos de interesados?
4. ¿A qué fuentes, personas o instituciones podemos recurrir para que nos ayuden a identificar nuestros

principales riesgos en relación con los derechos humanos?

5. ¿Con quién podemos poner a prueba nuestras ideas sobre qué derechos humanos son los más destacados en nuestro sector y en las zonas en que realizamos nuestras actividades?
6. ¿Cómo podemos asegurarnos de que al centrarnos en los derechos humanos más destacados no olvidamos que también podemos tener impactos negativos en otros?
7. ¿A qué expertos fiables podemos pedir su opinión sobre nuestro proyecto de compromiso político, quizá como parte de un grupo de interesados internos?
8. ¿Qué otras políticas y procedimientos internos vamos a necesitar para poner en práctica este compromiso político?
9. ¿Qué áreas, departamentos o personas deben comprender y sentir como suyos esos procedimientos y políticas, y cómo podemos obtener la participación de ellos en su elaboración?
10. ¿Quién debe dar su visto bueno a la redacción definitiva del compromiso político para que todo el personal vea en ello una señal de que se trata de un elemento prioritario?
11. ¿Cómo podemos comunicar públicamente nuestro compromiso político, teniendo en cuenta las distintas formas en que los interesados en nuestras actividades pueden acceder a la información?

DEBIDA DILIGENCIA DE DERECHOS HUMANOS

Un emprendedor debe proceder con la debida diligencia en materia de derechos humanos dentro de su empresa con el fin de identificar, prevenir, mitigar y responder a los impactos negativos de sus actividades sobre los derechos humanos.

La debida diligencia en materia de derechos humanos, de acuerdo con los Principios Rectores 17, 18, 19, 20 y 21, es la forma en que una empresa determina qué información necesita para comprender sus riesgos específicos relacionados con los derechos humanos en un momento determinado y en el contexto de su operación, así como las medidas que necesita adoptar para prevenir y mitigar esos riesgos. Como se analizó en el apartado de conceptos fundamentales, con la expresión *riesgos relacionados con los derechos humanos* se hace referencia al riesgo de provocar impactos negativos sobre los derechos humanos, y no los riesgos para la propia empresa, aunque, como también se comentó, cada vez es más frecuente que los primeros conduzcan a los segundos.

Es importante señalar que la debida diligencia en materia de derechos humanos no constituye una fórmula única, ya que empresas de distintos tamaños y sectores, con estructuras corporativas diferentes y en circunstancias operacionales peculiares en cada caso, tendrán que ajustar sus procesos para satisfacer esas necesidades.

Asimismo, la debida diligencia debe abarcar los impactos negativos sobre los derechos humanos que la empresa haya provocado o contribuido a provocar a través de sus propias actividades, o que guarden relación directa con sus operaciones, productos o servicios prestados por sus relaciones comerciales. La debida diligencia se centra en detectar y abordar los impactos negativos sobre los derechos humanos, es decir, los que guardan relación con las actividades de la empresa y con sus relaciones comerciales. En consecuencia, son esas actividades y relaciones comerciales las que establecen el alcance de la debida diligencia en materia de derechos humanos. Supongamos que en una universidad privada se contrata a los profesores bajo la figura de *honorarios* o *asimilados a salarios*, ambas figuras parten de la idea de que no hay un servicio subordinado por parte del profesor, lo que no impone a la institución las obligaciones derivadas de una relación laboral (condiciones de trabajo, seguridad social, etc.); sin embargo, la empresa tiene que hacer un serio análisis sobre la forma en que contrata, ya que dicha actividad podría impactar de forma negativa a los derechos humanos de carácter laboral de sus profesores y, en consecuencia, abordar dicho impacto negativo en la debida diligencia.

Cuando se analizan las relaciones comerciales, la atención del emprendedor no debe centrarse en los riesgos que la otra empresa plantea para los derechos humanos *en general*, sino en los riesgos de que afecten negativamente a los derechos humanos en relación con las operaciones, productos o servicios de *su propia empresa*. Si volvemos a utilizar el ejemplo de la escuela que contrata los servicios de seguridad, el emprendedor debe poner atención en la situación de que la empresa de seguridad hace trabajar a sus guardias 14 horas diarias sin otorgar descanso ni pago de horas extras, lo cual puede impactar negativamente a los servicios que presta la escuela. En consecuencia, se quita atención a otras situaciones que puedan acontecer dentro de la empresa de seguridad que no tienen una relación directa con la escuela.

También se debe llevar a cabo un proceso de debida diligencia, incluso si la actividad comercial o la relación tiene lugar en sitios (ciudades, estados o países) que no están dispuestos o no pueden cumplir con su deber de proteger los derechos humanos de sus ciudadanos, aunque la empresa participe en actividades de apoyo a esos derechos, como la filantropía. Es decir, una empresa no puede compensar su responsabilidad de respetar los derechos humanos mediante esfuerzos para promover los derechos humanos.

La debida diligencia en materia de derechos humanos es necesaria para que cualquier empresa sepa, y pueda demostrar, que está respetando los derechos humanos en la práctica. De acuerdo con ACNUDH (2011) el proceso de debida diligencia implica:

- Evaluar los impactos negativos reales y potenciales de los derechos humanos.
- Integrar y actuar sobre las observaciones y los descubrimientos relacionados con los impactos negativos.

- Realizar un seguimiento de las respuestas hechas por la empresa a los impactos negativos.
- Comunicar hacia el interior y el exterior de la empresa sobre cómo se abordan los impactos negativos.

Así, el proceso de debida diligencia tiene que considerar todos los derechos humanos reconocidos internacional y nacionalmente, priorizando la actividad de identificar y abordar los problemas más importantes para la empresa. Para que tenga resultados positivos, la debida diligencia tiene que ser un proceso continuo, en vista de que los riesgos de derechos humanos pueden cambiar con el tiempo a medida que las operaciones de la empresa y el contexto de operación evolucionen.

El emprendedor debe tener presente que el interés de la población es el fin principal de la debida diligencia, ya que con ello se refleja el derecho que todo ser humano tiene a ser tratado con dignidad. Es por eso que las relaciones entre una empresa y aquellos a quienes puede perjudicar son la cuestión principal.

Comprender el punto de vista de las personas y grupos que pueden verse afectados por la empresa se convierte en una necesidad que alimenta el proceso de debida diligencia en materia de derechos humanos. Acercarse o consultar directamente a quienes pueden verse afectados o sus representantes legítimos, debe analizarse como una posibilidad para la empresa siempre y cuando sea conveniente por su tamaño o perfil de riesgo en relación con los derechos humanos.

Cuando una empresa no cumple con su responsabilidad de respetar los derechos humanos conduce a un riesgo para la empresa y también para las personas. Como sucede con cualquier otro tipo de riesgo, la empresa debe organizarse a nivel interno para tener la capacidad necesaria con el fin de gestionarlo de manera eficaz. Esta capacidad ha de ser congruente con el perfil de riesgo de la empresa en relación con los derechos humanos. Una empresa pequeña con unos riesgos limitados en cuanto a los derechos humanos probablemente asignará la tarea a uno de los empleados a quien le debe ocupar una cantidad limitada de su tiempo o, en su caso, que el propio emprendedor lleve a cabo esa función.

En el esfuerzo de una compañía para respetar los derechos humanos coexisten dos procesos que son diferentes, pero que están interrelacionados: la prevención y mitigación por un lado, y la reparación por el otro. El prevenir y mitigar los impactos negativos potenciales sobre los derechos humanos en que puede verse involucrada una empresa es el objetivo de la debida diligencia. Por su parte, el objeto de la reparación es corregir cualquier impacto negativo real sobre los derechos humanos que una empresa haya causado o contribuido a causar.

Para la empresa, el contar con un mecanismo de reclamación eficaz a través del cual las personas directamente afectadas puedan exponer sus preocupaciones sobre cómo se han visto o pueden verse perjudicadas por las actividades de la propia empresa, puede ser un buen indicador de impactos negativos potenciales y recurrentes sobre los derechos humanos. Este mecanismo de reclamación será más robusto si permite dar seguimiento sobre la eficacia de las respuestas que ofrece la empresa ante los impactos negativos en cuanto a los derechos humanos, y también si cada día hay una mayor participación de los interesados. Se completaría este esfuerzo de identificación de impactos negativos si la empresa está en condiciones de comunicar, de la manera más conveniente, cómo hace frente a los riesgos relacionados con los derechos humanos en general y cómo ha abordado la reparación de los impactos negativos importantes sobre los derechos humanos.

No hay duda de que el emprendedor pueda recurrir a expertos externos para realizar algunos procesos de debida diligencia en materia de derechos humanos, y en algunas ocasiones esto puede ser razonable y necesario; no obstante, siempre debe hacerse con cuidado. El respeto de los derechos humanos guarda relación directa con las actividades básicas de cada empresa. La mejor forma de cuidar que el proceso de debida diligencia se mantenga de una manera sostenible dentro de la empresa es incorporarlo al conjunto de valores de la empresa. Cuanto más utilice el emprendedor a terceros para realizar algunos de los procesos fundamentales de debida diligencia, menos probable será que se produzca esa *incorporación* en el conjunto de valores de la compañía. Como lo recomienda ACNUDH (2012), es especialmente importante que cualquier resultado relativo a los impactos negativos de la actividad de la empresa sobre los derechos humanos que se detecten gracias a la labor de los expertos externos, se integre e internalice de forma efectiva en toda la empresa para que se puedan tomar medidas eficaces.

Tampoco es buena idea que el emprendedor delegue totalmente en expertos externos su relación con los interesados que puedan verse perjudicados por las actividades de su empresa, puesto que eso debilita su capacidad para comprender verdaderamente los puntos de vista de los afectados y para establecer relaciones sólidas y productivas con ellos. A pesar de esto, recabar la participación de personas externas locales en los esfuerzos de comunicación de la empresa puede ayudar a acortar distancias; específicamente, cuando en las relaciones con los interesados afectados ya hay antecedentes de desconfianza, tal vez sea conveniente encontrar a un tercero neutral que pueda prestar ayuda para establecer esa relación con los interesados, al menos en las etapas iniciales.

Un ejemplo que esquema de debida diligencia que puede ser útil para el emprendedor es el siguiente:

Paso 1. Recibir el reclamo de la persona involucrada, escuchar cuidadosamente lo que dice, procurando registrar la información lo más exacto posible; si la persona quiere, es preferible que ella misma redacte el reclamo. Reportar el reclamo al área designada para prever posibles respuestas o contramedidas. El primer contacto no debe exceder las 24 horas de acontecido el episodio.

Paso 2. Al recibir el reclamo poner mucha atención en cada detalle de este y así comprenderlo completamente. Debe reunirse la información del involucrado/a y su relación con la empresa.

Paso 3. Expresarle al involucrado/a que se ha recibido su reclamo y explicarle cómo se manejará la reclamación. Es importante externarle al involucrado/a que la empresa reconoce como legítima la reclamación y ofrecerle información sobre los pasos a seguir para abordar su reclamo.

Paso 4. Dentro de la empresa, el área responsable de recibir los reportes de los reclamos establece los hechos e investiga a fondo las razones y las causas del reclamo.

Paso 5. Reevaluar la seriedad y tomar una decisión. Con base en la información obtenida de la investigación, la empresa define la forma en que va a manejar la reclamación, las medidas que tomará, las propuestas que hará, el grado de responsabilidad que tiene, la probabilidad de la escala del problema, etcétera.

Paso 6. Explicar la decisión al involucrado/a, comentando los resultados de la investigación y la forma en que se manejará la reclamación.

Paso 7. Una vez que se ha expuesto la decisión al involucrado/a, la empresa abre un espacio para la negociación donde las partes implicadas valoran la propuesta para atender el reclamo, en caso de que no exista satisfacción con la propuesta, se le plantea al involucrado/a acudir a la mediación.

Paso 8. Seguimiento. Confirmar si el involucrado/a está satisfecho/a con lo realizado y el manejo ofrecido. Asegurarse que el procedimiento para reparar la reclamación se cumplió a cabalidad según lo acordado y que hay satisfacción del involucrado/a.

Paso 9. Revisar y reflexionar. Evaluar los resultados para evitar recurrencia, compartir información e incorporar aprendizajes.

En la construcción de los diversos procesos de debida diligencia, el Principio Rector 17 recomienda que el emprendedor se haga las siguientes preguntas:

1. ¿Mi empresa dispone ya de sistemas que puedan aprovecharse en la elaboración de nuestros procesos de debida diligencia en materia de derechos humanos?
2. ¿Esos sistemas son eficaces y apropiados para hacer frente a los riesgos en materia de derechos humanos? ¿Qué cambios puede ser necesario introducir para adaptarlos a ese propósito?
3. ¿Se presentan circunstancias en las que vayamos a necesitar procesos separados para los derechos humanos?
4. ¿Quién debería dirigir los procesos de debida diligencia en materia de derechos humanos? ¿Quién ha de mantener la supervisión?
5. ¿Cuáles áreas es más probable que tengan que participar en aspectos relacionados con la debida diligencia en materia de derechos humanos? ¿Cómo podemos conseguir su participación en la elaboración de los procesos? ¿Cómo podemos estructurar e incentivar la colaboración?
6. ¿Qué conocimientos especializados fuera de la empresa es probable que necesitemos? Si recurrimos a expertos externos, ¿cómo podemos asegurar que eso apoye, y no deteriore, la incorporación del respeto a los derechos humanos en nuestros valores y prácticas?
7. ¿Cómo y en qué etapas del proceso de debida diligencia en materia de derechos humanos debemos tratar de establecer una relación con los interesados

directamente afectados por nuestras actividades o con sus representantes? Si no podemos hacerlo, ¿de qué otra manera es posible llegar a comprender cuáles son sus puntos de vista y sus preocupaciones más probables?

8. ¿Cómo podemos cerciorarnos de mantener actualizados nuestros procesos de debida diligencia en materia de derechos humanos de manera que reconozcamos los cambios que puedan requerir nuevas evaluaciones y respuestas ante los impactos negativos de nuestras actividades?

Evaluar los impactos negativos reales y potenciales de los derechos humanos

Para cualquier empresa, evaluar sus riesgos relacionados con los derechos humanos es el punto de partida para comprender cómo llevar a la práctica su declaración de política con respecto a los derechos humanos y, por tanto, su responsabilidad de respetarlos. De acuerdo con el Principio Rector 18, es el requisito previo para saber cómo prevenir o mitigar los impactos negativos potenciales y cómo reparar cualquier impacto negativo real que pueda causar o contribuir a causar; en resumen, es el primer paso fundamental en la gestión del riesgo relacionado con los derechos humanos.

Aprovecharemos las características del siguiente ejemplo para ir desarrollando la temática sobre la evaluación de los impactos negativos, así como de la debida diligencia. Un emprendedor decide incursionar en el negocio de la educación y para ello compra una escuela primaria privada a otra persona. La escuela, en el momento de la venta tiene inscritos a 90 alumnos y trabajan en ella 15 profesores y 5 empleados administrativos. Para la operación de compra se firma un contrato en el cual se estipula, entre otras cosas, que a partir de la fecha en que se pague el precio de la venta de la escuela, todas las obligaciones y consecuencias derivadas de la operación, serán ahora responsabilidad del emprendedor. Así, en el momento en que el emprendedor paga el precio pactado en el contrato, *toma posesión* física y legal de la escuela, y al ser el nuevo propietario, ahora será responsable de todas las actividades y relaciones que se deriven de la operación realizada.

Buena parte del proceso de debida diligencia en materia de derechos humanos se centra en el riesgo para ellos o los impactos negativos potenciales sobre los derechos humanos en que puede verse involucrada una empresa. En caso de que se hayan producido impactos negativos reales sobre los derechos humanos se tratará principalmente de una cuestión de reparación, aunque también es un indicador importante de los impactos potenciales. Vale la pena subrayar de nuevo que el riesgo de una empresa en relación con los derechos humanos es el riesgo que sus actividades implican para los mismos. Como se ha dicho antes, es un concepto distinto de cualquier riesgo que los impactos negativos sobre los derechos humanos derivados de las actividades de una empresa puedan acarrearle a esta, aunque cada vez hay una mayor interrelación entre ambos.

Las actividades de una empresa pueden plantear riesgos relacionados con los derechos humanos de diversos grupos. Los empleados de la empresa constituyen siempre un importante grupo a ese respecto, aunque entre los interesados que pueden verse afectados quizá se encuentren las comunidades asentadas en torno a las instalaciones de la compañía, los trabajadores de otras empresas de su cadena de valor (en la medida en que puedan verse afectados por las acciones o decisiones de la empresa), los usuarios de sus productos o servicios, otros participantes en el desarrollo de los productos (por ejemplo, en los ensayos de los productos), etc. Es importante que las empresas busquen más allá de los grupos más evidentes y no supongan, por ejemplo, que únicamente se trata de cómo hacer frente a los impactos negativos para los interesados externos, olvidando a sus propios empleados; ni supongan que los afectados son solo sus empleados, ignorando a los demás interesados fuera de los muros de la empresa. Las personas pertenecientes a los grupos de población más vulnerables a los impactos negativos sobre los derechos humanos requieren una atención especial.

En el ejemplo planteado, el emprendedor convencido de que su empresa debe respetar los derechos humanos, inicia con un proceso de análisis para conocer qué actividades desarrolladas por la escuela pueden tener un impacto negativo en los derechos humanos y concluye, de manera provisional, que hay actividades de su empresa que pueden plantear riesgos relacionados con los derechos humanos de diversos grupos, específicamente los padres de familia de los niños que se encuentran inscritos en su escuela, los propios niños inscritos, los profesores que trabajan en ella, los empleados administrativos, así como los trabajadores de dos de sus proveedores. Llega a esta conclusión provisional en virtud de que hay algunas particularidades en las actividades relacionadas con la admisión e inscripción de alumnos, la contratación de los profesores, las condiciones de trabajo de sus empleados y de los trabajadores de sus proveedores, la forma de impartir las clases, la seguridad del plantel, así como con el mantenimiento de las instalaciones en donde los alumnos realizan sus prácticas deportivas y culturales; actividades que en un momento dado pueden suponer un riesgo para los derechos humanos.

Proceder con la debida diligencia requiere la utilización de procesos permanentes para evaluar los impactos negativos sobre los derechos humanos para que una empresa pueda formarse una imagen real de sus riesgos relacionados con los derechos humanos a lo largo del tiempo, teniendo en cuenta la evolución de las circunstancias. Eso no puede conseguirse con los resultados de una única evaluación, a menos que las actividades y el contexto operativo de la empresa permanezcan fundamentalmente inalterados. Es probable que sea necesario realizar varias evaluaciones en diversos momentos críticos: antes de emprender una nueva actividad o de establecer una nueva relación comercial; antes de adoptar decisiones importantes o de aplicar cambios operacionales (por ejemplo, una nueva entrada en el mercado, el lanzamiento de un producto, cambios de normativa o transformaciones más profundas de la actividad empresarial); en respuesta o en anticipación de cambios en el entorno operacional (por ejemplo, un aumento de las tensiones sociales); y periódicamente durante el ciclo de vida de una actividad o relación comercial.

Lo más efectivo es comenzar a evaluar los impactos negativos en la etapa más temprana posible de la vida de una actividad o relación comercial concreta. Las condiciones de los contratos celebrados al inicio de nuevas inversiones o relaciones comerciales dictarán a menudo la facilidad o dificultad con que podrá garantizarse el respeto de los derechos humanos durante su período de vigencia. La pronta realización de una evaluación de los riesgos relacionados con los derechos humanos puede ayudar a establecer en los contratos las condiciones apropiadas para garantizar el respeto de esos derechos.

De esta manera, siguiendo con el ejemplo utilizado, el emprendedor se da cuenta que algunas actividades que se desarrollan pueden ser evaluadas en diversos momentos dado que son continuas, pero hay otras que se realizan una vez al año; por lo que toma la decisión de evaluar, en un primer momento, todas las actividades que lleva a cabo la escuela con la información que se tenga disponible de dichas actividades del año escolar anterior, y en un segundo momento, evaluar tales actividades durante el primer mes del año escolar que está pronto a iniciar; todo ello sin olvidar que seguirá evaluando a lo largo del año escolar. Finalizados los dos momentos de evaluación, recupera información que puede esquematizar de la siguiente manera:

Actividad evaluada	• Inscripción y reinscripción de los alumnos.
Hallazgos	• En el formato de inscripción se les pregunta a los padres su estado civil, su religión, así como la pertenencia a algún grupo político, cultural o deportivo.
Grupos interesados	• Padres de familia.
Derechos humanos que posiblemente pueden ser impactados negativamente	• Derecho a la privacidad. • Derecho a la libertad de pensamiento, conciencia y religión.

Actividad evaluada	• Contratación.
Hallazgos	• Inexistencia de criterios para la recontratación. • No inscripción al IMSS y al INFONAVIT o inscripción con un salario menor al que se percibe.
Grupos interesados	• Profesores.
Derechos humanos que posiblemente pueden ser impactados negativamente	• Derecho al trabajo. • Derecho a la seguridad social, incluido el seguro social. • Derecho a un nivel de vida adecuado.

Actividad evaluada	• Jornada de trabajo.
Hallazgos	• Trabajar horarios continuos sin descanso. • Trabajar tiempo extra sin la remuneración debida.
Grupos interesados	• Empleados administrativos. • Trabajadores del proveedor de seguridad. • Trabajadores del proveedor de instalaciones deportivas y culturales.
Derechos humanos que posiblemente pueden ser impactados negativamente	• Derecho a no ser sometido a la esclavitud, servidumbre o trabajo forzoso. • Derecho a disfrutar de condiciones dignas y satisfactorias de trabajo.

Actividad evaluada	• Impartir las clases.
Hallazgos	• Ciertos profesores ponen poca atención a situación de *bullying*. • Contados profesores dan preferencia a ciertos alumnos en función de su desempeño. • Algunos profesores castigan a los alumnos.
Grupos interesados	• Alumnos. • Padres de familia.
Derechos humanos que posiblemente pueden ser impactados negativamente	• Derechos de protección al niño. • Derecho a la igualdad ante la ley, igualdad de protección de la ley y derechos de no discriminación. • Derecho a la educación.

Actividad evaluada	• Mantenimiento de instalaciones.
Hallazgos	• Utilización de diversos productos químicos. • A los trabajadores no se les proporciona el equipo adecuado para lidiar con las sustancias químicas.
Grupos interesados	• Trabajadores del proveedor de instalaciones deportivas y culturales.
Derechos humanos que posiblemente pueden ser impactados negativamente	• Derecho a disfrutar de condiciones dignas y satisfactorias de trabajo. • Derecho a la salud.

Los enfoques tradicionales de la evaluación del riesgo pueden dar a entender que la probabilidad de que se produzca un impacto negativo sobre los derechos humanos es tan importante como su gravedad. No obstante, si un impacto negativo sobre los derechos humanos tiene una baja probabilidad, pero una alta gravedad, la primera no contrarresta la segunda. La gravedad de esa consecuencia, entendida como su *escala, alcance y carácter irremediable* es fundamental.

En el ejemplo, la actividad evaluada de impartir clases ofrece la característica de que no todos los profesores actúan con indiferencia a la situación de *bullying* o dan preferencia a ciertos alumnos en función de su desempeño o castigan a los alumnos; ni tampoco que los profesores que actúan así lo hacen en los tres rubros; sin embargo, el que sean situaciones aparentemente *aisladas*, no significa que en su conjunto no sean graves, porque atentan contra un grupo vulnerable, sumados los incidentes pueden alcanzar a un número importante de alumnos, y porque cualquier de esas acciones puede provocar en el niño una situación mayor de vulnerabilidad que sea imposible reparar.

Las empresas con cadenas de valor especialmente grandes que pueden tener dificultades para realizar la debida diligencia en todos los impactos adversos de los derechos humanos en sus operaciones y en la cadena de valor, deben priorizar sus riesgos de derechos humanos destacados. Como se mencionó en el apartado de conceptos fundamentales, los riesgos de derechos humanos destacados son aquellos cuyos impactos negativos potenciales serían los más graves según los criterios que se detallan a continuación:

- Los más *graves* en términos de su escala, alcance y remediabilidad
    - Escala: gravedad del impacto sobre los derechos humanos; y/o
    - Alcance: el número de individuos que están o podrían verse afectados; y/o

  - Remediabilidad: capacidad de restaurar el derecho afectado (al mismo nivel que estaba antes del impacto).
- *Potenciales*: impactos que tienen alguna probabilidad de ocurrir en el futuro.
- *Impactos negativos en los derechos humanos*: con un enfoque en los riesgos para los derechos de las personas, en lugar de los riesgos para el negocio.

Si bien los riesgos de derechos humanos destacados suelen variar según el sector y el contexto operativo, en este nivel de gravedad puede esperarse que estén estrechamente vinculados a los riesgos que se plantean al negocio. Del mismo modo, los riesgos relacionados con los derechos humanos no pueden ser objeto de un simple análisis costo-beneficio en el que los costos que implica para la empresa la prevención o mitigación de los impactos negativos sobre los derechos humanos se comparan con los que supone el hecho de que se le haga responsable de esos impactos. El proceso de evaluación de los impactos negativos potenciales y reales sobre los derechos humanos incluye habitualmente:

> [… evaluar el contexto de derechos humanos antes de emprender una actividad empresarial propuesta, siempre que sea posible; identificar a los posibles afectados; catalogar las normas y cuestiones pertinentes de derechos humanos; y proyectar las consecuencias de la actividad propuesta y de las relaciones comerciales correspondientes sobre los derechos humanos de las personas identificadas. (Monash University, 2017, p. 21)….]

El emprendedor puede decidir llevar a cabo evaluaciones separadas de sus impactos negativos sobre los derechos humanos o integrar las consideraciones de derechos humanos en sus evaluaciones más amplias de los impactos de carácter social y ambiental. Puede ser necesario realizar una evaluación separada de los impactos negativos sobre los derechos humanos si las actividades o el contexto operacional de la empresa plantean un mayor riesgo para esos derechos. Se han desarrollado, y continuarán desarrollándose, diversos instrumentos y metodologías para la evaluación de los impactos negativos sobre los derechos humanos. No obstante, como ya se ha señalado, no se contempla una única evaluación de ese tipo, sino más bien un proceso permanente de evaluación que se base en diversas fuentes.

Además de las evaluaciones formales realizadas por la propia empresa, también puede contarse con la contribución de otras fuentes. Un mecanismo de reclamación a través del cual los afectados puedan plantear sus preocupaciones, por ejemplo, puede aportar indicaciones de los impactos negativos reales o potenciales sobre los derechos humanos. También es probable que se pueda contar con otra fuente, como son las noticias o los informes realizados por expertos sobre contextos operacionales o acontecimientos industriales concretos. Otras fuentes podrían ser las campañas proyectadas por organizaciones no gubernamentales (ONG) u otras terceras partes. Todas esas fuentes pueden aportar datos al proceso continuo de evaluación del impacto. Al evaluar sus impactos negativos reales o potenciales sobre los derechos humanos, las empresas deben prestar especial atención a los grupos marginados o vulnerables.

En algunas sociedades, las pautas inherentes de discriminación pueden estar ampliamente arraigadas (aunque es posible que los extranjeros no las detecten). Aunque las empresas no son responsables de esas prácticas discriminatorias generalizadas, deben prestar especial atención a los derechos y necesidades de esos grupos marginados y vulnerables y a los problemas a los que se enfrentan con el fin de velar por que la empresa no contribuya a esa discriminación o, incluso, la agudice. En resumen, los procesos de evaluación de los impactos negativos sobre los derechos humanos deben ser sistemáticos, de manera que los diversos elementos se sumen para facilitar una imagen coherente de los impactos negativos reales y potenciales sobre los derechos humanos asociados con las actividades y las relaciones comerciales de una empresa para poder guiar de forma precisa las medidas que se adopten posteriormente en el marco del proceso de debida diligencia.

El propósito de la evaluación de los impactos negativos es detectar cualquiera de ellos en los que pudiera verse involucrada una empresa. Eso incluye los impactos que pueda causar o contribuir a causar con sus propias actividades y los impactos a los que, aunque no haya contribuido, estén vinculados con sus operaciones, productos o servicios a través de una relación comercial. Así pues, al evaluar los impactos negativos reales y potenciales sobre los derechos humanos, una empresa debe tener en cuenta tanto sus propias actividades como sus relaciones comerciales.

Una empresa puede causar o contribuir a causar impactos negativos sobre los derechos humanos por sus propias actividades. En el ejemplo que hemos venido manejando, el hecho de continuar con la práctica de que los empelados trabajen horarios continuos sin descanso o trabajen tiempo extra sin la remuneración debida, causa impactos negativos, así como la inexistencia de criterios para la recontratación de los profesores puede contribuir a causar un impacto negativo.

No se pretende exigir a las empresas que evalúen los antecedentes en materia de derechos humanos de cada una de las entidades con las que mantengan relaciones. Se trata de evaluar el riesgo de que esas entidades puedan vulnerar los derechos humanos cuando desempeñen su actividad en relación con las operaciones, productos o servicios propios de la empresa. Continuando con el ejemplo, si las instalaciones deportivas y culturales que un proveedor proporciona a la escuela son mantenidas y limpiadas con químicos que manejan los trabajadores sin el equipo adecuado, no significa que el emprendedor deba evaluar los antecedentes generales del proveedor en materia de derechos humanos, sino los riesgos de que puedan producirse violaciones de los derechos humanos como resultado de la presencia del personal de mantenimiento y limpieza mientras son usadas las instalaciones por la escuela.

En el caso de cadenas de valor complejas y con varios niveles, y de empresas con miles de proveedores, incluso en el primer nivel, es aún menos viable evaluar cada una de las relaciones comerciales. Lo mismo puede suceder en el caso de una empresa pequeña o mediana con un gran número de relaciones comerciales en relación con sus recursos propios; sin embargo, eso no atenúa su responsabilidad de respetar los derechos humanos.

Si resulta imposible actuar la debida diligencia en todas y cada una de las relaciones empresariales, de acuerdo con ACNUDH (2012), las empresas deben identificar las áreas generales que presenten mayor riesgo de provocar impactos negativos sobre los derechos humanos, ya sea debido al contexto operativo de ciertos proveedores o clientes, a las operaciones, los productos o los servicios de que se trate o a otras consideraciones pertinentes y dar prioridad a la debida diligencia en materia de derechos humanos en esas áreas. Eso incluiría, en nuestro ejemplo, los servicios obtenidos de proveedores que no cumplen con el derecho a disfrutar de condiciones dignas y satisfactorias de trabajo y el derecho a la salud de sus trabajadores. Si, pese a todo, se producen violaciones que no hubieran podido preverse razonablemente, los interesados en las actividades de la empresa las evaluarán para identificar de qué manera y con qué rapidez se pueden adoptar medidas para prevenir o mitigar la repetición de esas violaciones y facilitar o prestar apoyo a su reparación.

En líneas anteriores se ha señalado que en el proceso de evaluación se debe recurrir a expertos en derechos humanos internos y/o independientes; incluso si una empresa dispone de conocimientos especializados en materia de derechos humanos dentro de su propia estructura, ese personal tendrá que consultar con fuentes externas para mantenerse al corriente de los cambios en la manera de entender los impactos negativos sobre los derechos humanos que pueden tener las empresas del sector, de las mejores prácticas a la hora de evaluar esos impactos negativos y de la información sobre los cambios en el entorno operativo de la empresa y sus repercusiones en los derechos humanos. Muchas de esas fuentes se encontrarán en forma escrita y tendrán carácter público; también suelen estar disponibles y accesibles con frecuencia la información y el asesoramiento de los gobiernos y los apoyos universitarios, de profesionales y de la sociedad civil.

Ese tipo de recursos también puede ser especialmente importante para las empresas pequeñas y medianas que rara vez contarán con conocimientos especializados en materia de derechos humanos a nivel interno para mantener el volumen de recursos necesarios, y así cumplir la responsabilidad de respetar los derechos humanos en un nivel proporcional al riesgo relacionado con los derechos humanos al que tienen que enfrentarse. Si no es posible mantener consultas directas con los interesados afectados, esos recursos especializados son aún más importantes, como lo son las informaciones facilitadas por personas u organizaciones que transmiten de manera legítima los puntos de vista o los probables puntos de vista de quienes pueden verse afectados por las actividades o las relaciones comerciales de la empresa.

El proceso de evaluación de los impactos negativos sobre los derechos humanos debe "incluir consultas sustantivas con los grupos potencialmente afectados y otras partes interesadas, en función del tamaño de la empresa y de la naturaleza y el contexto de la operación" (ACNUDH, 2012, p. 42). Las empresas deben comprender, en la medida de lo posible, las preocupaciones de aquellos que pueden verse directamente afectados por sus actividades. Eso reviste una especial importancia en el caso de las empresas de cuyas actividades o contextos operativos se desprenda que pueden plantear riesgos importantes relacionados con los derechos humanos.

El mantenimiento de una relación con los interesados sirve para varios fines: permite a la empresa determinar si los interesados tienen los mismos puntos de vista (de la empresa y los demás interesados) acerca de lo que son impactos negativos sobre sus derechos humanos y la magnitud que pueden tener esos impactos negativos. Por ejemplo, la discriminación que puede causar la escuela del emprendedor en el momento de recontratar a sus profesores al no contar con criterios conocidos para tener la oportunidad de ser recontratados, puede parecerle a la empresa un impacto poco importante para el derecho al trabajo; mientras que la comunidad de profesores puede considerar que el impacto es mucho mayor por el significado que esto tiene para su estabilidad laboral. El poco cuidado que algunos docentes ponen a la detección del *bullying* puede parecer razonable para la escuela, pero para los padres de familia significa un descuido imperdonable que afecta la autoestima de sus hijos. Hablar con quienes puedan verse afectados suele ser la única forma de que esos problemas salgan a la luz y puedan resolverse.

Para muchas empresas pequeñas y medianas, mantener consultas con los interesados afectados puede no ser viable por las dificultades financieras, geográficas o de otro tipo que ello entrañaría; por lo que deben apuntar hacia otras formas de obtener la mayor cantidad de información posible sobre su impacto en los derechos humanos y sobre la percepción que se tiene de ella, como las fuentes externas de conocimientos especializados.

Sin embargo, el emprendedor no debe perder de vista que la relación con los grupos que puedan verse afectados y otras partes interesadas proporciona una información importante sobre sus puntos de vista y sus preocupaciones en relación con actividades de la empresa y los impactos negativos que pueden tener sobre los derechos humanos. El mantenimiento de una relación puede ayudar también a demostrar que la empresa se toma en serio las opiniones de los interesados, al igual que su dignidad, su bienestar y sus derechos humanos. Eso puede ayudar a fomentar la confianza y facilitar la búsqueda de formas de hacer frente a esos impactos negativos de una manera acordada y sostenible, evitando quejas y disputas innecesarias.

Para mantener consultas con los interesados que puedan verse afectados es necesario tener una sensibilidad especial. Es preciso prestar atención a las barreras lingüísticas, culturales, de género o de otro tipo, que pueden impedir a los interesados expresarse con franqueza ante los representantes de la empresa. Exige tener sensibilidad hacia las diferencias culturales y los aparentes desequilibrios de poder, en caso de que existan. Algunos grupos o personas pueden quedar excluidos del proceso de consulta a menos que se hagan esfuerzos concretos por incluirlos en él; también puede haber opiniones conflictivas entre los grupos de interesados, incluso dentro de ellos, acerca de la importancia relativa de determinados impactos. Cuando haya una historia de desconfianza entre la empresa y los interesados, tal vez sea conveniente contar con una persona neutral, que goce de la confianza de ambas partes, que facilite el proceso.

En el tema de la evaluación de los impactos negativos, de acuerdo con lo que propone el Principio Rector 18, se sugiere al emprendedor que se haga las siguientes preguntas:

1. ¿Qué grupos o personas, dentro o fuera de la empresa, corren el riesgo de verse afectados negativamente por nuestras actividades? ¿Hay algunos que sean especialmente vulnerables en cualquiera de nuestros entornos operativos?
2. ¿Qué procesos tenemos funcionando en los que podamos incorporar medidas adicionales que nos ayuden a evaluar los impactos negativos sobre los derechos humanos? ¿Se trata de procesos fiables y probados que puedan modificarse para acomodar este nuevo propósito?
3. ¿Hay circunstancias en que deberíamos realizar una evaluación singular de los impactos negativos sobre los derechos humanos, incluso cuando hay mayores riesgos relacionados con los derechos humanos?
4. ¿Qué otros procesos y fuentes podemos aprovechar como parte de la evaluación permanente de nuestro impacto: medios de comunicación, informes de expertos, información procedente del personal y los interesados, mecanismo de reclamación, etcétera?
5. ¿Podemos examinar de una manera razonable todas nuestras relaciones comerciales con el fin de

determinar el riesgo de vernos involucrados, a través de esas relaciones, en la generación de impactos negativos sobre los derechos humanos? En caso contrario, ¿cuáles son los ámbitos que presentan un mayor riesgo en nuestras relaciones comerciales y cómo podemos asegurarnos al menos de que se actúe con la debida diligencia con respecto a esos riesgos?

6. ¿Podemos establecer una relación directa con los grupos sobre los que podríamos tener impactos negativos? En caso contrario, ¿qué otras fuentes que gocen de credibilidad pueden ayudarnos a comprender cuáles son sus puntos de vista y sus preocupaciones más probables?
7. ¿Qué recursos en forma de textos o expertos pueden ayudarnos a poner a prueba nuestras hipótesis acerca de a quiénes y cómo podemos afectar negativamente?

Integrar las conclusiones de la evaluación de los impactos negativos

Cuanto mayor sea la empresa, más probable es que la persona o equipo que se ocupe de la evaluación de los impactos negativos sobre los derechos humanos estén separados del personal que realiza las actividades o supervisa las relaciones comerciales que normalmente dan lugar a esos impactos. De esa manera, quienes evalúan los impactos negativos no tienen control sobre las decisiones y medidas que pueden prevenirlas, mitigarlas o repararlas. Por ese motivo es necesario recabar la participación de las personas que tienen el control sobre esas decisiones y medidas a la hora de encontrar y poner en práctica las soluciones. La integración es lo que hace posible esa participación.

La rapidez y la facilidad con que una empresa responda ante posibles impactos negativos sobre los derechos humanos pueden ser decisivas a la hora de juzgar su eficacia en la gestión de los riesgos que plantea para los derechos humanos. En ese aspecto, el éxito de la empresa a la hora de incorporar su compromiso político en materia de derechos humanos en todos sus niveles supone una importante diferencia.

De acuerdo con Cantú Rivera (2018) *incorporar* es el proceso macro que permite asegurar que todos los empleados conozcan el compromiso político de la empresa en materia de derechos humanos; comprendan las repercusiones de ese compromiso en la forma en que realizan su trabajo; estén formados, facultados y motivados para actuar de una manera que reafirme ese compromiso; y contemplen el compromiso como algo intrínseco a los valores fundamentales del lugar de trabajo. Se trata de un proceso continuo, generalmente impulsado desde los niveles más altos de la dirección de la empresa.

Por otra parte, la *integración*, es el proceso micro que consiste en recoger los resultados relativos a un posible impacto negativo concreto, determinar qué empleados han de ocuparse de hacerle frente y garantizar la adopción de una medida eficaz. Ese proceso se repite a medida que se detecta un nuevo impacto negativo y, a menudo, estará impulsado por la persona o área que se encargue de los derechos humanos. Si el proceso de incorporación ha sido satisfactorio habrá más posibilidades de que también lo sea la integración de los resultados y que se den unas respuestas oportunas y sostenibles, con lo que se reducirán los riesgos relacionados con los derechos humanos.

Frente al reto de la integración, el emprendedor se ve ante la circunstancia de escoger el proceso que sea más apropiados para facilitarla: esto dependerá, entre otros factores, del tamaño de la empresa y la periodicidad o previsibilidad de los problemas que surjan en relación con los derechos humanos. En una empresa pequeña en donde la comunicación entre el personal es relativamente fácil y la interacción cotidiana frecuente, la integración puede darse de forma natural. En empresas que carecen de esa facilidad para la interacción por su tamaño o por la dispersión de su personal, es probable que se necesite un enfoque más sistemático. También es probable que un enfoque sistemático sea más eficaz si la empresa se enfrenta permanentemente a una alta probabilidad de provocar impactos negativos sobre los derechos humanos. Eso puede requerir la colaboración estructurada entre las distintas personas o áreas, unos requisitos claros de transmisión de información a nivel interno, la interacción periódica con expertos externos y la actuación colectiva con otras entidades de su sector industrial o del gobierno o similares. La empresa se encontrará en mejor situación para responder ante casos concretos a medida que se presente si comparte desde el primer momento un entendimiento de los principales riesgos detectados en relación con los derechos humanos y la forma de impedir que se produzcan o mitigar sus efectos.

Es importante resaltar que la integración guarda una conexión con las relaciones comerciales. Si las actividades propias de una empresa pueden contribuir a que se produzca un impacto negativo sobre los derechos humanos, la concientización acerca de ese hecho de todas las personas o áreas que den lugar a esa actividad es esencial para poder hacer frente a ese riesgo. Del mismo modo, las personas o áreas que se encargan de establecer las condiciones de las relaciones de la empresa con sus socios comerciales, proveedores y demás, son esenciales para el proceso de integración. Las disposiciones de los contratos u otros acuerdos de carácter formal pueden desempeñar un importante papel a la hora de exigir o crear incentivos para que la otra parte respete los derechos humanos. Además, si se establecen esas disposiciones se mejora la capacidad de la empresa para imponer a la otra parte un comportamiento apropiado.

A decir verdad, si un nuevo proyecto o actividad ha de regirse por un contrato negociado con otras partes, una pronta comunicación entre el personal encargado de la redacción del contrato, las áreas que hayan de participar en su ejecución y quienes se encarguen de supervisar las cuestiones relacionadas con los derechos humanos puede ayudar a evitar problemas más adelante. Si en un contrato se establecen condiciones que incrementen los riesgos relacionados con los derechos humanos o reduzcan la capacidad de la empresa para hacerles frente, la empresa pondrá en peligro su propia capacidad para hacer frente a su responsabilidad de respetar los derechos humanos.

Dicho esto, la inclusión de condiciones contractuales que exijan o incentiven el respeto de los derechos humanos cuando, en realidad, no haya una expectativa razonable de que la otra parte pueda o quiera cumplirlas, hace que esas disposiciones contractuales pierdan significado tanto como mecanismo preventivo como en lo que se refiere a la capacidad de influir en la otra parte, y expone a la empresa a riesgos relacionados con los derechos humanos.

Ante los riesgos relacionados con los derechos humanos que se hayan detectado, el emprendedor debe tomar medidas que se consideren como respuesta a los mismos; ya que "una empresa que provoque o pueda provocar impactos negativos sobre los derechos humanos debe tomar las medidas necesarias para ponerles fin o prevenirlas". (ACNUDH, 2011, p. 25). Cuando contribuya o pueda contribuir a esos impactos negativos, debe adoptar medidas similares para poner fin o prevenir esa contribución y también utilizar su influencia[1] para

[1] La "influencia" sobre una entidad (empresarial, gubernamental o no gubernamental) en este contexto puede ser reflejo de uno o más factores como, por ejemplo: si la empresa tiene cierto grado de control directo de la entidad; las condiciones del contrato entre la empresa y la entidad; la proporción del negocio que la empresa representa para la entidad; la capacidad de la empresa de motivar a la entidad para que mejore su comportamiento en el ámbito de los derechos humanos utilizando para ello el negocio futuro, la mejora de su reputación, la ayuda en la creación de capacidad, etc.; las ventajas que supone para la reputación de la entidad trabajar con la empresa y el daño que supondría la ruptura de esa relación; la capacidad de la empresa para motivar a otras empresas u organizaciones a mejorar su propio comportamiento en el ámbito de los derechos humanos, incluso mediante asociaciones comerciales e iniciativas de múltiples interesados; o la capacidad de la empresa para conseguir que el gobierno central o local intervenga y exija a la entidad una mejora de su comportamiento en materia de derechos humanos mediante la aplicación de normas, vigilancia, sanciones, etc.

mitigar, en la medida de lo posible, cualquier efecto residual (generado por otras partes). En ambos casos, será necesario adoptar medidas adicionales para llevar a cabo la reparación, de la cual hablaremos más adelante.

En cambio, la situación es más complicada cuando una empresa detecta un riesgo de que se produzca un impacto negativo sobre los derechos humanos vinculado con sus operaciones, productos o servicios y causado por una persona u organización con la que mantiene una relación comercial. Esa es la situación en que la empresa tiene un menor grado de control directo o influencia sobre ese impacto negativo, y sucede, por ejemplo, si un proveedor infringe las condiciones de su contrato y utiliza el trabajo de empleados que laboran tiempo extra sin recibir la retribución que marca la ley para fabricar un producto destinado a la empresa sin que esta haya ejercido ninguna presión directa o indirecta para que lo haga; o si una empresa constructora obtiene de un gobierno una concesión para construir una carretera sobre determinadas tierras y ese gobierno contrata a otra empresa para que expulse de esas tierras a las personas que las han utilizado tradicionalmente, sin consulta o indemnización, y en contra del entendimiento claro de que no sería necesario adoptar una medida de ese tipo. Como sucede en estos ejemplos, a menudo es una violación real lo que pone de relieve el riesgo de que continúe o vuelva a producirse.

Entre los factores que determinan la elección de las medidas adecuadas en situaciones de este tipo figuran la influencia de la empresa sobre la entidad en cuestión, la importancia de esa relación comercial para la empresa, la gravedad de la infracción y la posibilidad de que la ruptura de su relación con la entidad en cuestión provoque en sí misma impactos negativos sobre los derechos humanos. Esos factores pueden representarse, de manera general, en la siguiente matriz de decisión que sugiere la Universidad para la Paz (2015).

	Con influencia	Sin influencia
Relación comercial esencial	A. • Mitigar el riesgo de que la violación continúe o vuelva a ocurrir • Si eso no se consigue	B. • Tratar de aumentar la influencia • Si se consigue, tratar de mitigar el riesgo de que la violación continúe o vuelva a producirse • Si no se consigue, considerar la posibilidad de poner fin a la relación[2], o demostrar que se está haciendo lo posible por mitigar la violación, reconociendo las consecuencias que puede tener la permanencia
Relación comercial no esencial	C. • Tratar de mitigar el riesgo de que la violación continúe o vuelva a producirse • Si no se consigue, adoptar medidas para poner fin a la relación[3]	D. • Valorar opciones razonables para aumentar la influencia a fin de mitigar el riesgo de que la violación continúe o vuelva a producirse • Si eso es imposible o no se consigue, considerar la posibilidad de poner a fin a la relación

[2] Si se considera que la relación es esencial, deberá tenerse en cuenta también la gravedad de las consecuencias negativas cuando se evalúe cuál es el modo correcto de actuar.

[3] Al adoptar la decisión de poner fin a la relación debe tenerse en cuenta una evaluación fiable de las posibles consecuencias negativas que esa decisión puede tener sobre los derechos humanos.

Hay que señalar que una relación comercial puede considerarse esencial si de ella depende un producto o servicio imprescindible para la actividad de la empresa y para el cual no existe una fuente alternativa razonable; en esa situación, poner fin a la relación plantea problemas especiales. También debe tenerse en cuenta la gravedad de los impactos negativos sobre los derechos humanos: cuanto más grave sea la violación, menos tiempo deberá dar la empresa para observar una modificación del comportamiento antes de decidir si rompe la relación. En cualquier caso, "mientras prosiga la violación en cuestión y la empresa mantenga su relación comercial, debe estar en condiciones de demostrar sus propios esfuerzos por mitigar el impacto y aceptar las consecuencias (en términos de reputación, financieras o legales) de prolongar su relación" (ACNUDH, 2011, p. 25).

Lo expuesto en los anteriores párrafos se aplica a las relaciones comerciales existentes. Una empresa puede también estar considerando la posibilidad de establecer una nueva relación comercial con un tercero que sepa que ha estado involucrado en violaciones de los derechos humanos en el pasado. En ese caso, la empresa debe evaluar primero si es probable que pueda utilizar su relación para mitigar la posibilidad de que vuelvan a producirse esas violaciones en conexión con sus propias operaciones, productos o servicios y debe tratar de asegurarse la influencia para hacerlo, mediante las condiciones contractuales u otros medios. Si se determina que eso es posible, puede considerarse que el riesgo derivado del establecimiento de esa relación comercial será aceptable, siempre que la empresa adopte a continuación medidas para mitigarlo. En caso contrario, si se determina que no se podrá mitigar el riesgo de que la otra parte cometa violaciones de los derechos humanos o, simplemente, que los riesgos relacionados con los derechos humanos son demasiado altos, sería aconsejable no establecer esa relación comercial.

En algunas ocasiones, el emprendedor deberá abordar situaciones complejas que no tienen soluciones evidentes ni fáciles. En ese caso, en los procesos de decisión se debería recurrir a todos los conocimientos especializados de que disponga, aunque en muchos otros casos, el emprendedor podrá beneficiarse del asesoramiento especializado externo, independiente y fiable que ayude a adoptar decisiones que no solo sean creíbles, sino que los demás perciban como tales, incluso desde la perspectiva de los derechos humanos. Pueden encontrarse fuentes respetables de asesoramiento en el gobierno, las instituciones nacionales y estatales de derechos humanos, la sociedad civil, las iniciativas de interesados múltiples, etc. Si fuera posible establecer una relación directa con los afectados sin exponerles, a ellos o a otras personas, a más violaciones de los derechos humanos, debería intentarse.

En este proceso de integrar las conclusiones de la evaluación de los impactos negativos es conveniente que el emprendedor, de acuerdo con el Principio Rector 19, se haga las siguientes preguntas:

1. ¿Qué líneas de responsabilidad y rendición de cuentas existen dentro de la empresa para responder por los resultados que se generen en relación con los

impactos negativos potenciales sobre los derechos humanos?

2. ¿Qué enfoques sistemáticos pueden ayudarnos a integrar los resultados de nuestras evaluaciones en las funciones o áreas pertinentes para que podamos adoptar medidas eficaces?
3. ¿Deberíamos asignar a una o más personas con diferentes funciones que se encarguen de estar al tanto de los problemas existentes en materia de derechos humanos o de los requisitos de comunicación entre las áreas de la empresa, antes de adoptar determinadas decisiones o medidas?
4. ¿Podemos formular situaciones hipotéticas o árboles de decisión para la adopción de medidas en toda la empresa con el propósito de estar preparados para responder ante los impactos negativos potenciales más probables o graves? ¿Es necesario recurrir a la formación y orientación al personal en relación con esas cuestiones?
5. ¿Cómo podemos integrar de una mejor manera las medidas encaminadas a hacer frente a los impactos negativos potenciales durante la etapa de contratación de nuevos proyectos, asociaciones o actividades?
6. Si detectamos que los impactos negativos sobre los derechos humanos están vinculados con nuestras actividades, productos o servicios, ¿estamos equipados para hacer frente de forma ágil y apropiada al riesgo de que continúen o vuelvan a

producirse? ¿Cómo se toman las decisiones? ¿A qué fuentes fiables podemos recurrir en busca de asesoramiento?

7. ¿Cómo podemos evaluar nuestra influencia en las relaciones comerciales, especialmente en aquellas esferas que plantean un mayor riesgo en relación con los derechos humanos? ¿Cómo podemos conseguir que nuestra influencia sea la mayor posible desde el principio de las relaciones? ¿Qué posibilidades tenemos para ejercer o aumentar nuestra influencia?
8. ¿Mantenemos alguna relación comercial que sea *esencial*? ¿Cómo podemos responder si esas relaciones conducen a que haya consecuencias adversas sobre los derechos humanos que se relacionen con nuestras actividades, productos o servicios? ¿Estamos equipados para hacer frente a esa situación en lo que se refiere a la obtención de asesoramiento a nivel interno y externo?

Seguimiento de las respuestas hechas por la empresa a los impactos negativos

De acuerdo con el Principio Rector 20, las empresas deben hacer un seguimiento de la eficacia de su respuesta con el propósito de verificar si se están tomando medidas para prevenir los impactos negativos sobre los derechos humanos.

En efecto, es una máxima generalmente reconocida que *lo que se puede cuantificar se gestiona*, y así, hacer un seguimiento de la forma en que una empresa ha respondido ante los impactos negativos, tanto reales como potenciales, sobre los derechos humanos es esencial para que su personal pueda recibir crédito por sus éxitos en el respeto de los derechos humanos, bien a nivel interno ante la administración, o bien a nivel externo ante partes interesadas. Al obtener el mayor volumen de información posible sobre su comportamiento en materia de derechos humanos, la empresa fortalece su proceso interno de rendición de cuentas y sienta las bases para cualquier nivel de comunicación hacia el exterior que se considere necesario o aconsejable. El seguimiento de los problemas relacionados con los derechos humanos y las respuestas que se hayan dado ayudará también a detectar tendencias y pautas. Con ello se proyecta ante los niveles superiores de la administración y otros interesados una *imagen completa*: se ponen de relieve problemas recurrentes que pueden requerir la introducción de cambios sistémicos en los procesos o en las políticas y se sacan a la luz mejores prácticas que pueden difundirse en toda la empresa para ayudar a reducir el riesgo y mejorar el rendimiento.

La forma en que un emprendedor debe hacer el seguimiento de la eficacia en las respuestas dadas depende mucho de las circunstancias de su empresa. Los procesos de seguimiento deben tener sentido dentro del conjunto más amplio de la cultura y los sistemas de la empresa para que puedan contribuir a la incorporación del respeto de los derechos humanos. Puede haber otros sistemas de seguimiento dentro de la empresa que proporcionen modelos útiles y eficaces (quizá en el ámbito de la salud y la seguridad o en el comportamiento desde el punto de vista ambiental). Los procesos para el seguimiento de las respuestas ofrecidas ante los impactos negativos sobre los derechos humanos que se integren en otros sistemas de seguimiento pueden aportar ventajas al *armonizar* la atención que se presta a los derechos humanos; aunque también pueden acarrear riesgos si no facilitan el aprovechamiento del tipo de información cualitativa (incluida, cuando sea posible, la información obtenida de los posibles afectados) que se necesita para abordar los impactos negativos sobre los derechos humanos.

Si hay cuestiones relacionadas con los derechos humanos que se derivan de repercusiones negativas en el medio ambiente (relacionadas, por ejemplo, con el agua y la salud), tal vez existan normas establecidas y bastante precisas, tanto en el plano nacional como en el internacional, que faciliten directamente una forma de cuantificación. Eso, o significa necesariamente que quienes creen estar siendo perjudicados han de confiar en esas normas o que la empresa (o cualquier otra entidad pagada por la empresa) va a ser honesta a la hora de realizar las mediciones. En situaciones como esa, la empresa debe considerar la posibilidad de designar, conjuntamente con los interesados afectados, a una persona u organización en que todos puedan depositar su confianza para que proporcione evaluaciones precisas. Otra posibilidad es que la empresa y representantes de la comunidad lleven a cabo conjuntamente la investigación de los hechos. Para eso, a menudo será necesario que los interesados afectados puedan designar libremente a un experto que los represente en el proceso o que uno o más de los interesados afectados reciban la formación necesaria para participar en el proceso conjunto.

El sistema de seguimiento de las respuestas de la empresa ante los impactos negativos sobre los derechos humanos puede limitarse a examinar la forma en que esta ha respondido ante los impactos potenciales detectados, y si tales respuestas han servido para prevenir esos impactos o en qué medida lo han hecho. En su caso, cuando se haya producido un impacto negativo importante, la empresa hará bien en realizar también un análisis de las causas profundas o un proceso equivalente para determinar *cómo* y *por qué* se produjeron esos impactos negativos: ese tipo de proceso puede ser importante para que la empresa pueda prevenir o mitigar su continuación o reaparición.

El análisis de las causas profundas puede ayudar a señalar qué medidas adoptadas por qué partes de la empresa, o qué otras partes relacionadas con la empresa tuvieron algo que ver en esos impactos negativos, y cómo. Si las pruebas son suficientemente claras, vincular ese tipo de análisis con los incentivos y las medidas disuasorias para el personal (en forma de compensación económica, ascenso u otro tipo de recompensa) puede ser importante a la hora de incorporar el respeto de los derechos humanos en las prácticas de la empresa.

En cuanto sea hora de determinar los indicadores más apropiados, mucho dependerá de la combinación de cuestiones de derechos humanos con que la empresa tenga que tratar habitualmente, si ya existen indicadores sólidamente establecidos para esas cuestiones, qué datos puede obtener razonablemente la empresa, con qué facilidad puede solicitar información directa a los interesados afectados, etc. En el ámbito de los derechos laborales, por ejemplo, los indicadores y las auditorias están relativamente bien establecidos. En otras esferas como la salud y la seguridad y el impacto ambiental, también existen normas técnicas, incluso a nivel internacional, aunque puede haber opiniones diversas al decidir qué normas utilizar.

En el tema de la consulta con las comunidades, cada vez son más las directrices que facilitan las organizaciones internacionales y otros órganos fiables acerca de cómo realizar las evaluaciones; esas directrices pueden ayudar a una empresa a elaborar indicaciones apropiadas para el seguimiento de la eficacia en su respuesta ante los impactos negativos sobre los derechos humanos. En el caso de empresas grandes o empresas con un nivel importante de riesgo en relación con los derechos humanos, será importante incluir indicadores para conocer la forma en que están haciendo frente a las distintas repercusiones en las mujeres y en los niños, así como en las personas pertenecientes a grupos especialmente vulnerables.

Algunos indicadores tendrán carácter cuantitativo y otros, carácter cualitativo. Los indicadores cuantitativos pueden ser más ventajosos por la precisión que ofrecen y la facilidad con que pueden integrarse en los indicadores empleados en otras áreas de la empresa o relacionarse con ellos. Sin embargo, como el respeto de los derechos humanos se refiere a la dignidad de las personas, los indicadores cualitativos (que incluyan, en la medida de lo posible, los puntos de vista de los grupos de interesados afectados) siempre serán importantes. En esas situaciones, los indicadores cualitativos serán importantes para interpretar adecuadamente a los de carácter cuantitativo: por ejemplo, determinar si una reducción en el número de informes sobre infracciones en materia de seguridad de los trabajadores se debe a una reducción real del número de esos incidentes o a una falta de confianza en el sistema de presentación de informes o a prácticas intimidatorias que disuaden de presentar esos informes.

El objeto de establecer relaciones con *fuentes tanto internas como externas, incluidas las partes afectadas* en el proceso de seguimiento es obtener una imagen lo más exacta posible del acierto con que una empresa está respondiendo a los impactos negativos sobre los derechos humanos. Esto ayuda a reducir el riesgo de actuar con parcialidad, lo que puede presentarse cuando la evaluación la realizan aquellos que están siendo evaluados.

Asimismo, disponer de diversas fuentes puede ser útil. Es posible que algunos empleados de la empresa hayan visto u oído cosas que den prueba del acierto con el que la empresa está actuando, y puede ser interesante proporcionar un canal para que tengan posibilidades de comunicarlo (por supuesto sin miedo a represalias en caso de que la información sea negativa). Los observadores expertos (las autoridades locales, la sociedad civil, etc.) y los interesados directamente afectados ajenos a la empresa también pueden aportar información valiosa. En el caso de una empresa pequeña con un impacto limitado, un medio sencillo para canalizar la información puede ser suficiente, por ejemplo, una dirección de correo electrónico o un número de teléfono que sea conocido y accesible. Para las empresas que supongan un riesgo más importante en relación con los derechos humanos es probable que un enfoque más activo que contemple la posibilidad de solicitar información sea más apropiado.

En este caso, un mecanismo de reclamación de nivel operacional puede desempeñar también una función importante al respecto. Dicho mecanismo serviría como canal para recibir información acerca de si se están abordando eficazmente los impactos negativos sobre los derechos humanos desde el punto de vista de los afectados. El establecimiento de mecanismos similares para los empleados también puede ser conveniente con respecto a las repercusiones en sus propios derechos humanos, laborales o de otro tipo y a la posibilidad de expresarse cuando observen problemas en la respuesta de la empresa ante los impactos negativos sobre los derechos humanos de personas ajenas a la empresa. Para conseguir que su eficacia sea máxima, esos mecanismos deben satisfacer los criterios mínimos de legitimidad, accesibilidad, predictibilidad, equidad, transparencia, compatibilidad con los derechos, que sean una fuente de aprendizaje continuo, y basarse en la participación y el diálogo.

De igual manera, los sistemas de seguimiento deben ser creíbles y sólidos para que puedan ayudar a una empresa a saber, y demostrar, que está respetando los derechos humanos. Cuanto más claros sean los indicadores y más exhaustivos los procesos utilizados para recoger información acerca de la eficacia de la empresa, en mejor situación se encontrará esta para responder a las críticas, en caso de que necesitara o decidiera hacerlo. El hecho de que la empresa hubiera solicitado la opinión de expertos externos respetados e independientes o de los interesados ayudaría también a reforzar la credibilidad de la información resultante.

De acuerdo con el Principio Rector 20 es recomendable que el emprendedor se haga las siguientes preguntas al momento de diseñar, construir o evaluar su sistema de seguimiento de las respuestas hechas por la empresa a los impactos:

1. ¿Disponemos ya de sistemas de seguimiento en los que podamos integrar eficazmente algunos aspectos del seguimiento de nuestros impactos negativos sobre los derechos humanos, o todos ellos, y las respuestas correspondientes?
2. Si fuera el caso, ¿son esos sistemas adecuados para este nuevo propósito? ¿Qué medidas debemos emplear?

    a. ¿Existen indicadores establecidos y ampliamente aceptados que podamos utilizar?
    b. ¿Existen sistemas de cuantificación que puedan aplicarse?
    c. ¿Qué medidas cualitativas necesitamos para garantizar que estamos interpretando los datos cuantitativos correctamente y que esos datos nos están ofreciendo una imagen completa?
    d. ¿Qué indicadores podemos incluir razonablemente que nos ayuden a ver cómo nuestras respuestas ante los impactos negativos se dirigen a los hombres y a las mujeres por separado y también a los grupos vulnerables?

3. ¿De qué medios disponemos para obtener información de los grupos interesados directamente afectados o de sus representantes legítimos? ¿Pueden nuestros sistemas más amplios de participación de los interesados o nuestros mecanismos de queja contribuir a ese proceso?
4. ¿En qué tipos de situaciones debemos realizar, como parte del seguimiento, un análisis de las causas profundas de los impactos negativos y de nuestras respuestas ante esos impactos? ¿Cómo podemos asegurarnos de que la experiencia adquirida llegue a todos los rincones de la empresa?

Comunicación interna y externa sobre cómo se abordan los impactos negativos

El concepto de rendición de cuentas resulta familiar para las empresas. Normalmente reconocen la importancia de la rendición de cuentas a nivel interno para alcanzar objetivos comerciales y, en el caso de las empresas cotizadas en bolsa, para responder de su desempeño ante los accionistas. Cuando se trata de saber cómo las empresas abordan sus impactos negativos, potenciales y reales sobre los derechos humanos, hay cuestiones más amplias relacionadas con el interés público que repercuten en la rendición de cuentas.

Así pues, según lo señala el Principio Rector 21, las empresas necesitan poder demostrar que están cumpliendo en la práctica su responsabilidad de respetar los derechos humanos. Eso entraña, como mínimo, disponer de sistemas internos de recogida de información y rendición de cuentas y poder aclarar en el plano externo de sus acciones si se ve acusada de violaciones de los derechos humanos.

Este paso dentro de la debida diligencia se centra en estar en condiciones de comunicar la forma en que una empresa aborda sus impactos negativos sobre los derechos humanos, lo que significa que es preciso disponer de la información para poder estar en condiciones de comunicarla. El momento, los receptores y los medios de transmisión de esa comunicación habrán de ser objeto de decisiones separadas.

Es así que con este ejercicio de comunicación no se propone que una empresa tenga que revelar públicamente todas las cuestiones detectadas en las evaluaciones continuas de su repercusión en los derechos humanos o de las medidas que adopta para mitigar todos los riesgos detectados. Se trata, en primer lugar, y sobre todo, de estar en condiciones de comunicar los enfoques generales que utiliza para hacer frente a sus riesgos relacionados con los derechos humanos y puede incluir, en algunos casos, la comunicación de la respuesta específica ante un impacto negativo concreto.

Si la empresa plantea riesgos importantes en relación con los derechos humanos, el interés público superior dicta la necesidad de que presente informes de una manera más formal y periódica a fin de dar cuenta de los sistemas de que dispone para mitigar esos riesgos y hacer frente a cualquier daño que se pueda producir.

Las fases anteriores del proceso de debida diligencia en materia de derechos humanos permiten a una empresa determinar sus impactos negativos reales y potenciales sobre los derechos humanos, actuar en función de los resultados y hacer un seguimiento de la eficacia con que está respondiendo. Esos procesos y sus resultados proporcionan la información de la que una empresa necesita disponer para poder comunicarla cuándo y cómo proceda.

Algunas comunicaciones pueden centrarse en los enfoques generales con que la empresa aborda los riesgos relacionados con los derechos humanos, especialmente los posibles impactos negativos sobre los más destacados en relación con sus actividades; como ejemplo, una empresa que se dedique a la venta al por menor debe estar en condiciones de comunicar cómo hace frente a las posibles violaciones, reales o potenciales, de los derechos humanos en su cadena de suministro. Las empresas con un alto consumo de agua deben estar en condiciones de comunicar cómo hacen frente a los riesgos conexos relacionados con los derechos humanos. Las empresas farmacéuticas deben estar en condiciones de comunicar cómo se aseguran de que los ensayos de los medicamentos se realicen en condiciones de seguridad y con una información y un consentimiento apropiados por parte de quienes participan en ellos.

Algunas comunicaciones pueden ser específicas para un impacto negativo determinado y la forma en que se aborda o se piensa abordar. Por ejemplo, una empresa de acabados en pintura o un hospital que han dispuesto residuos peligrosos en el drenaje de la ciudad, tienen que estar en condiciones de comunicar cómo han abordado, o están abordando, los impactos negativos reales o potenciales de esa disposición. Si las fuerzas de seguridad que guardan las instalaciones de una empresa atacan a las personas en situación de calle que transitan de manera cotidiana por las aceras o las banquetas que rodean la empresa, ésta deberá estar en condiciones de comunicar cómo está haciendo frente a esas violaciones de los derechos humanos y el riesgo de que vuelvan a producirse.

La forma de las comunicaciones debe ser aquella que permita que satisfagan su propósito. Si el propósito es comunicar a los interesados que pueden verse afectados de qué forma está abordando la empresa un riesgo relacionado con los derechos humanos que ha detectado, la comunicación podría limitarse a ese grupo y se deberían tener presentes las barreras relacionadas con la alfabetización, el idioma y la cultura (por ejemplo, si la comunicación verbal se considera más respetuosa que la comunicación por escrito). La organización de reuniones con el grupo o sus representantes legítimos puede ser la forma de comunicación más apropiada y satisfactoria.

Cuando el objetivo es responder también ante los accionistas y otras partes interesadas, incluida la sociedad civil, por la forma en que la empresa está haciendo frente a un riesgo específico o a los riesgos en general, quizá sean apropiados los documentos y las exposiciones en una reunión anual general, las actualizaciones a través del sitio web, el envío de mensajes a listas de correo electrónico de quienes se identifiquen como partes interesadas u otros medios de comunicación similares.

Se plantea entonces la cuestión de cuándo una empresa debe elaborar informes públicos oficiales acerca de cómo está abordando la cuestión de los derechos humanos. Las empresas cuyas operaciones o contextos operacionales impliquen graves riesgos de impacto sobre los derechos humanos deberían informar oficialmente de las medidas que tomen al respecto. Se suscita un interés público más amplio cuando la empresa corre el riesgo de verse involucrada en impactos negativos sobre los derechos humanos que sean extensos o irremediables; en ese caso, la presentación de informes públicos resulta apropiada.

Puede incluso haber razones para que algunas empresas con un perfil de riesgo más bajo en relación con los derechos humanos incluyan información sobre su comportamiento en ese ámbito en los informes públicos oficiales que presenten periódicamente. Por ejemplo, el proceso interno de redactar un informe puede ayudar a incorporar en una empresa un entendimiento de las cuestiones relacionadas con los derechos humanos y de la importancia que el respeto de los derechos humanos reviste para la propia actividad empresarial. El mayor nivel de transparencia que la presentación de informes de ese tipo aporta puede ayudar a proteger la reputación de la empresa y fomentar una mayor confianza en sus esfuerzos por respetar los derechos humanos. Ese fortalecimiento de las relaciones con los interesados puede ser útil cuando la empresa necesite hacer frente a problemas imprevistos.

Los informes oficiales pueden adoptar la forma de documentos separados sobre el comportamiento de la empresa en materia de derechos humanos o ser parte de un mensaje más amplio sobre el comportamiento no financiero que abarque cuestiones sociales y ambientales, o también formar parte de un informe integrado sobre el rendimiento financiero y no financiero. Si la empresa consigue integrar la información acerca de los derechos humanos en sus informes financieros, con un sistema de cuantificación apropiado, puede lograr con ello demostrar que entiende que el respeto de los derechos humanos es una parte verdaderamente integrante de la actividad comercial y que reviste interés para sus resultados económicos. Los informes pueden elaborarse en papel, en formato electrónico o ambos (y esa decisión debe ser reflejo del conocimiento de las posibilidades que tienen para acceder al informe los lectores a quienes va dirigido). Esos informes pueden elaborarse periódicamente (con frecuencia anual o superior) cuando se produzca un impacto negativo concreto o con arreglo a ambos criterios.

Si es el caso de que una empresa detecta algún impacto negativo real o potencial sobre los derechos humanos que las personas o grupos afectados necesiten conocer por su bienestar y su seguridad, la información a ese respecto debe transmitírseles de la manera más rápida y directa posible. La empresa debe informarles también de cómo está tratando de hacer frente a ese impacto negativo. No debe esperar a que se le solicite esa información antes de adoptar las medidas pertinentes.

Cuando una empresa se vea requerida por entidades ajenas a ella para que demuestre cómo está abordando unos presuntos impactos negativos sobre los derechos humanos, debe considerar si es conveniente establecer una comunicación para atender esa preocupación y qué información puede transmitirse. Si las entidades que hacen el requerimiento afirman verse directamente afectadas o ser los representantes legítimos de los grupos o personas directamente afectados, la necesidad de establecer una comunicación directa parece más clara. La falta de comunicación supone un riesgo para la empresa y con frecuencia dará a entender que las acusaciones son reales o que la empresa no dispone de los procedimientos apropiados para saber, y demostrar, que no está involucrada en esos presuntos impactos negativos.

Puede haber ocasiones en que una empresa llegue a la conclusión de que una entidad ajena a ella que plantea una preocupación carece de legitimidad y, por tanto, no es necesario o conveniente responder. En ausencia de requerimientos legales, esa es una decisión que corresponde tomar a la empresa. Incluso si decide no establecer comunicación en respuesta a una acusación, deberá hacerlo sobre la base del conocimiento interno de la situación y de criterios claros.

Todas las comunicaciones, incluidos los informes oficiales, deben ser precisas y honestas. Si la información que se transmite guarda relación con un impacto negativo concreto sobre los interesados, debe contener todos los hechos que los afectados necesitan conocer para adoptar decisiones fundamentadas acerca de su propio interés.

Las comunicaciones que son claramente un ejercicio de oscurantismo o de autopromoción no gozarán de los beneficios de la transparencia y pueden avivar las críticas y la desconfianza a la empresa. Por otra parte, aparecerán generalmente como más creíbles las afirmaciones de respeto de los derechos humanos de las empresas que hayan llevado los límites de la transparencia hasta el punto de debatir acerca de los problemas que enfrentan en materia de derechos humanos y el tipo de impactos negativos para esos derechos que están tratando de corregir. Aunque eso no supone que no se puedan rechazar las quejas o acusaciones de que la empresa está provocando impactos negativos para los derechos humanos cuando haya motivos claros para hacerlo, explicando esos motivos siempre que sea posible.

Algunos tipos de información acerca de cómo se está haciendo frente a los impactos negativos sobre los derechos humanos pueden acarrear riesgos para el personal o los interesados afectados. Esos riesgos pueden materializarse, por ejemplo, al revelarse la identidad de los denunciantes o de los responsables de las medidas que se consideren perjudiciales, lo que les podría convertir en blanco de represalias. El hecho de publicar información sobre las conversaciones mantenidas con un gobierno, con la policía o con las fuerzas de seguridad encaminadas a impedir o poner fin a la adopción de medidas perjudiciales para las personas puede poner en peligro ese proceso. No obstante, ha de actuarse con cautela para evitar que la adopción de las mismas ideas generales con respecto a esos riesgos no se convierta en una justificación fácil para evitar compartir información que sería legítimo hacer pública.

Los requisitos legítimos de confidencialidad comercial se refieren fundamentalmente a la información esencial para las negociaciones en torno a una transacción comercial importante, y solo mientras duren esas negociaciones. Se incluye también la información que quede legalmente protegida frente a la revelación a terceros.

Si no hay riesgos para esos grupos o requisitos, las demás consideraciones acerca de si se deben hacer comunicaciones, cuándo y cómo, deberán ser objeto de decisiones basadas en factores similares a los expuestos anteriormente.

Como ya se ha señalado, puede ser especialmente importante para alguna empresa mantener una relación directa con los interesados potencialmente afectados con objeto de saber qué piensan de la forma en que está haciendo frente a sus impactos negativos sobre los derechos humanos. Podría tratarse de explicar cómo está haciendo frente a los impactos negativos potenciales en términos generales o a un efecto nocivo concreto que haya ocurrido.

En el caso de una empresa con un riesgo importante de provocar impactos negativos sobre los derechos humanos, ese no es más que uno de los modos en que debe recabar la participación de los interesados que puedan verse afectados. Su participación debe formar parte también de los esfuerzos de la empresa por evaluar sus impactos negativos y obtener información acerca de la eficacia que haya tenido su respuesta ante esos impactos. Con carácter más general, es un medio importante para comprender las preocupaciones e intereses de los interesados afectados y establecer unas relaciones eficaces de naturaleza permanente con esos grupos esenciales.

Ante la decisión de comunicar sobre cómo se abordan los impactos negativos, el emprendedor, siguiendo la recomendación del Principio Rector 21, tendría que plantearse alguna de las siguientes preguntas:

1. ¿Contamos con los sistemas internos de comunicación y presentación de informes necesarios para recoger toda la información de interés acerca de cómo hacemos

frente a los impactos negativos sobre los derechos humanos? De no ser así, ¿qué otros sistemas necesitamos?

2. ¿Con qué distintos grupos pensamos que podemos tener que comunicarnos y en relación con qué tipos de cuestiones?
3. ¿Qué medios de comunicación necesitamos para llegar a los diferentes grupos, teniendo en cuenta la forma en que esos grupos pueden acceder a la información, y cuáles serán los más eficaces?
4. ¿Esas comunicaciones deben organizarse con arreglo a un programa previsto, tener lugar en respuesta a un suceso concreto o ambas cosas?
5. ¿Qué procesos hemos establecido para tener una idea razonada y defendible acerca de cuándo debemos hacer comunicaciones públicas?
6. Si nuestras actividades o contextos operacionales plantean un riesgo significativo en relación con los derechos humanos, ¿cómo podemos informar públicamente acerca de nuestra forma de abordar ese riesgo?
7. Si no nos encontramos en un contexto de riesgo elevado en relación con los derechos humanos y no se nos exige informar públicamente acerca de nuestro comportamiento en relación con esos derechos, ¿sería, no obstante, beneficioso realizar informes públicos de carácter oficial?
8. ¿Cómo podemos garantizar que nuestras comunicaciones no acarreen riesgos para alguna persona de dentro o fuera de la empresa?

9. ¿Cómo podemos solicitar opiniones acerca de nuestra comunicación pública para determinar de qué forma se la percibe y decidir si hay formas de mejorarla?

REPARACIÓN

Para un emprendedor debe ser evidente que su empresa no puede cumplir su responsabilidad de respetar los derechos humanos si causa o contribuye a causar impactos negativos sobre esos derechos y luego no contribuye a su reparación.

De esta manera, si puso en marcha sistemas que permiten reparar impactos negativos no significa en modo alguno que su empresa no pretenda respetar los derechos humanos. Al contrario, da prueba de un reconocimiento de que esos impactos pueden ocurrir a pesar de sus mejores esfuerzos y de su propósito de garantizar que el respeto de los derechos humanos quede restaurado lo más rápida y eficazmente posible si eso llegara a suceder.

La reparación se limita a las situaciones en que la propia empresa reconozca que ha causado o contribuido a causar impactos negativos sobre los derechos humanos. Es en esas situaciones cuando se espera que la empresa adopte las medidas que permitan reparar dichos impactos negativos. La compañía puede detectar que ha causado o contribuido a causar impactos negativos por medio de sus procesos internos, o puede que esos impactos negativos lleguen a su atención a través de otras fuentes y se confirmen por sus propias investigaciones.

Entonces, si una empresa reconoce que ha causado o ha contribuido a causar impactos negativos sobre los derechos humanos, en muchos casos podrá estar en condiciones para involucrarse directamente en la búsqueda de una reparación rápida y eficaz. Las reparaciones pueden adoptar diversas formas, y es importante comprender qué es lo que los afectados consideraran una reparación eficaz, aparte de la propia opinión de la empresa. Podría tratarse de una disculpa, la adopción de medidas para garantizar que el problema no pueda volver a producirse, una indemnización (económica o de otro tipo) por los daños causados, la terminación de una actividad o relación comercial determinada, o alguna otra forma de reparación que acuerden la empresa y el afectado.

En algunas ocasiones quizá sea más apropiado que una entidad distinta a la empresa sea la que se ocupe de la reparación, por ejemplo, si ya se inició un juicio, tal vez sea necesario o conveniente que la empresa atienda los resultados de ese juicio en lugar de hacer la reparación directamente. Hay que considerar que en los casos de delitos, quizá sea necesario adecuarse a los resultados de esos procesos. Siempre que sea posible, es indispensable ofrecer a los afectados la probabilidad de adoptar una decisión fundamentada acerca de la forma en que deseen proceder, siempre partiendo del conocimiento de las alternativas más viables.

Si la empresa ha contribuido a los impactos negativos que se hayan producido, pero la causa principal ha sido otra entidad (por ejemplo, un proveedor) que se esté encargando de la reparación o que tenga que responder a través de un mecanismo establecido por la ley, lo más apropiado será ajustarse a los resultados de tal proceso en el caso de que hacer la reparación de forma paralela pudiera perjudicarlo. Esos mecanismos legales pueden desarrollarse en la Comisión de Derechos Humanos, en la Secretaría del Trabajo, en los juzgados locales y federales, en las fiscalías locales y federales, etc. En esas situaciones o similares, la empresa debe cooperar en el proceso de reparación.

De acuerdo con el Principio Rector 22, lo importante es la reparación, por lo que el medio para lograrla puede influir en la eficacia del resultado. Por ejemplo, si una empresa tiene una única forma para reparar cualquier impacto negativo que haya causado o contribuido a causar, es poco probable que el personal de la empresa sepa cuál es el tipo de respuesta apropiada; con ello se corre el riesgo de que haya diferencias internas acerca de cómo proceder y se produzcan retrasos en el proceso de reparación.

Por otra parte, algunas empresas pueden contar con procesos estandarizados para un impacto negativo concreto que constituye un riesgo específico de sus operaciones, por ejemplo, si se inscribe extemporáneamente a un trabajador al IMSS o si un empleado se lesiona. La dificultad que genera el adoptar ese tipo de respuestas para problemas específicos es que tal vez no se disponga de un proceso claro cuando se produzca un incidente de carácter menos previsible.

En virtud de lo anterior, en general es preferible contar con procesos acordados para la reparación de los impactos negativos que puedan producirse en cualquier tipo de actividad, incluso si para ello es necesario disponer de más de un tipo de proceso (por ejemplo, para los empleados y para las personas ajenas a la empresa).

En muchos casos, la forma más eficaz y eficiente de proporcionar procesos de reparación es por medio de un mecanismo de reclamación de nivel operacional. Un mecanismo de reclamación no es solo un procedimiento administrativo interno diseñado para tramitar los impactos negativos o las quejas. Mientras que un procedimiento interno tiene habitualmente carácter pasivo, es decir, está a la espera de que surjan problemas y entonces responde, un mecanismo de reclamación tiene carácter activo: tiene por objeto facilitar la identificación de las quejas y abordarlas lo antes posible. Para hacerlo, trata de lograr que los interesados, a los que les sería útil, lo conozcan y confíen en él.

Es así que los procesos clave que proporciona el mecanismo deben ser de carácter público, especialmente los plazos generales que establece para la tramitación de las quejas y la forma en que las personas pueden dejar constancia de sus preocupaciones. Esto genera que haya transparencia en las comunicaciones con los autores de las reclamaciones y, por su parte, la empresa adquiere una responsabilidad ante ellos, en virtud de que se percibe la idea de que se inicia un proceso justo. Es evidente que un mecanismo de reclamación requiere también el establecimiento de algunos procedimientos internos, pero no son más que una parte del proceso más amplio a que da lugar.

Como se mencionó anteriormente, existe uno o más tipos de mecanismos de carácter público convenientes para proporcionar una reparación si la empresa no puede, o no debe, hacerlo por sí misma. En algunos casos, un mecanismo administrado por una iniciativa de múltiples interesados también puede desempeñar una función relevante, por ejemplo, si las quejas afectan a un proveedor que trabaje para más de una empresa.

Es importante señalar que no todos los mecanismos funcionan eficazmente. El emprendedor tendrá que recabar asesoramiento experto acerca de la medida en que es probable que esos mecanismos existentes en su entorno operacional local puedan desempeñar esa función en la práctica, sin corrupción ni manipulación, con suficiente credibilidad a los ojos de los autores de las reclamaciones como para que los resultados sean sostenibles.

Si el emprendedor percibe que no puede llegar a un acuerdo con los afectados acerca de la reparación apropiada, tal vez sea necesario que recurra a un tercero neutral que actúe como mediador o recurrir al arbitraje. Cualquier tercero neutral que actúe como mediador deberá ser aceptado libremente por todos los interesados. El papel del mediador es ayudar a las partes en la búsqueda de una solución pactada y ninguna parte en la mediación puede ser obligada a aceptar un resultado determinado. Si pactan un resultado, las partes son libres también para convenir si será obligatorio para ellas.

El arbitraje no requiere que las partes estén de acuerdo con el resultado y, a menudo, tiene carácter obligatorio. Puede realizarse a través de los tribunales, un órgano de gobierno, un organismo como las comisiones de derechos humanos, u otro mecanismo que tenga jurisdicción sobre la cuestión o tema o que hayan convenido la empresa y los afectados.

Cabe agregar que si una empresa considera que no ha causado o contribuido a causar impactos negativos, no puede esperarse de ella que decida reparar el daño por sí misma, a menos que se vea obligada a hacerlo (por ejemplo, por un tribunal). No obstante, si existen posibilidades razonables para alcanzar una solución amigable de la disputa, bien sea a través de la negociación o de la mediación, lo más conveniente es que la empresa coopere en esos esfuerzos.

Apoyado en el Principio Rector 22, es recomendable que el emprendedor, antes de poner en marcha procesos para reparación del daño, se haga las siguientes preguntas:

1. ¿De cuáles procesos disponemos para reparar los impactos negativos que podamos causar o a los que podamos contribuir?
2. ¿Qué eficacia han demostrado esos procesos en el pasado? ¿Participan en ellos todas las partes pertinentes de la empresa? ¿Pueden fortalecerse de manera que sean más eficaces?
3. ¿Abarcan esos procesos todos los ámbitos en que pueden producirse impactos negativos? De no ser así, ¿qué vacíos o lagunas es necesario llenar con los procesos actuales o con la adición de otros nuevos?
4. ¿Podemos sistematizar esos procesos en uno o más mecanismos de queja a nivel operacional?
5. ¿Qué procesos de reparación judiciales y no judiciales existen en el lugar en que desarrollamos nuestras actividades? ¿Qué grado de eficacia tienen y en qué medida podemos o debemos acatar sus decisiones? ¿Quién puede prestarnos asesoramiento experto en esa materia?

6. ¿Ha habido situaciones en que podríamos haber obtenido ventajas si un tercero neutral nos hubiera ayudado a acordar soluciones y reparaciones con los afectados? ¿Es posible prever si se producirán esas situaciones en el futuro? De ser así, ¿dónde encontrar mediadores expertos que nos ayuden y que puedan ser aceptados por todas las partes implicadas?

Mecanismo de reclamación de nivel operacional

De acuerdo con el Principio Rector 29, para que sea posible atender rápidamente y reparar directamente los daños causados, las empresas deben establecer o participar en mecanismos de reclamación eficaces de nivel operacional a disposición de las personas y las comunidades que sufran los impactos negativos.

Como se ha señalado anteriormente, una empresa no puede cumplir su responsabilidad de respetar los derechos humanos si causa o contribuye a causar impactos negativos sobre los derechos humanos y después no procura su reparación. Una de las formas más sistemáticas en que una empresa puede procurar la reparación de esos impactos negativos es a través de un mecanismo de reclamación de nivel operacional.

A diferencia de muchos mecanismos de carácter público (tribunales, comisiones de derechos humanos, etc.), un mecanismo de reclamación de nivel operacional no tiene que esperar hasta que un problema se convierta en una presunta violación de los derechos humanos o una infracción de alguna otra norma antes de abordarlo. Puede recibir y atender las preocupaciones mucho antes de que lleguen a ese nivel y, por tanto, antes de que se produzca una escalada en la sensación de agravio de la persona o comunidad afectada.

Los mecanismos de reclamación eficaces ayudan también a reforzar aspectos del proceso de debida diligencia en materia de derechos humanos. Pueden ayudar a la pronta detección de impactos negativos sobre los derechos humanos y a realizar el seguimiento de la eficacia de las respuestas ante los impactos negativos detectados por medio de esos mecanismos. También pueden ayudar a establecer una relación positiva con los interesados al demostrar que la empresa se toma en serio tanto sus preocupaciones como los impactos negativos sobre los derechos humanos.

Un mecanismo de reclamación de nivel operacional es un medio formal a través del cual los grupos o las personas pueden plantear sus preocupaciones acerca de los impactos negativos que una empresa pueda tener sobre sobre sus derechos humanos (aunque no exclusivamente) y entonces solicitar una reparación. Su objetivo principal es ofrecer, en una etapa inicial, un lugar al que puede recurrir la empresa para determinar y abordar las preocupaciones de los interesados directamente afectados, antes de que aumente su magnitud o den lugar a algún perjuicio que pudiera haberse evitado.

Este mecanismo es distinto de los sistemas dirigidos a facilitar la tarea de los denunciantes, los cuales permiten a los empleados exponer sus preocupaciones acerca de la infracción de las reglas internas de la empresa, que pueden o no perjudicar a esas personas, pero que afectan al conjunto de la empresa. Los mecanismos de reclamación de nivel operacional están pensados específicamente para que las personas, de dentro o de fuera de la empresa, puedan plantear sus preocupaciones por unos impactos negativos que padecen ellos mismos y no requieren que quien recurra a ellos tenga que demostrar que se han infringido las reglas internas de la empresa.

La expresión *mecanismo de reclamación* se utiliza en los Principios Rectores y sus comentarios, de una manera que abarca una amplia gama de mecanismos destinados a tramitar quejas y reclamaciones relativas a las empresas y los interesados. Es posible que esa expresión pueda generar problemas en determinado contextos, por lo que en ningún caso es obligatorio designar con tal nombre a todos esos mecanismos. No obstante, nombrar a uno de esos mecanismos de una forma que sus usuarios potenciales puedan encontrar que les reste importancia o enmascare su verdadero propósito, podría ser un riesgo. A la empresa quizá le resulte más fácil aceptarlo, pero los agraviados pueden sentir que se les trata con poco interés y respeto.

La mayoría de los mecanismos de reclamación de nivel operacional solo son para los grupos o personas directamente afectados por las actividades de una empresa (por ejemplo, sus empleados) o sus representantes legítimos, y no están abiertos a diversos grupos que puedan tener preocupaciones o críticas acerca de las actividades de la empresa. Eso no implica la exclusión de otros medios para establecer contacto con ese diverso grupo de voces y puede ser conveniente para la empresa escucharlas, al menos en determinadas circunstancias.

Anteriormente se comentó que es bastante común que existan mecanismos de reclamación separados para los empleados de la empresa y para los interesados externos que puedan verse afectados, aunque no siempre es necesario que sea así. También puede ser importante disponer de mecanismos de reclamación específicos para circunstancias concretas como el ascenso y promoción de los empleados, o para grupos especiales como los padres de familia. No se debe olvidar que cuanto más simples sean los mecanismos, más fácil será controlar su eficacia y más éxito tendrán a la hora de determinar tendencias y pautas generalizadas sobre cómo la empresa hace frente a sus impactos negativos sobre los derechos humanos.

Un mecanismo de reclamación, para ser absolutamente eficaz, no debe limitarse a examinar quejas que supongan presuntas violaciones de los derechos humanos u otras normas concretas. Esas limitaciones excluirían toda una serie de preocupaciones que, de no tenerse en cuenta, podrían acarrear perjuicios para los derechos humanos o derivar en protestas o acciones violentas que, a su vez, podrían hacer aumentar el riesgo de violación de los derechos humanos. Por ejemplo, un grupo de empleados que considere que la empresa en la que laboran ignora de manera constante su preocupación por las condiciones del lugar donde toman sus alimentos, puede verse orillado, como única forma de llamar su atención, a adoptar medidas encaminadas a perturbar sus actividades, lo que tal vez conduzca a una confrontación verbal o física con consecuencias lamentables para el ambiente de trabajo. Una de las ventajas de un mecanismo de reclamación de nivel operacional en comparación con los mecanismos formales en que se recurre a terceros es precisamente su capacidad para detectar y abordar los problemas en una etapa temprana, antes de que se produzca una escalada.

Es razonable que se excluyan de un mecanismo las reclamaciones que sean claramente humillantes, pero debe tenerse cuidado antes de determinar que una reclamación queda dentro de esa categoría. Una reclamación que parezca humillante puede ocultar otras preocupaciones genuinas con posibles repercusiones para los derechos humanos o mayores riesgos para la empresa; por ello es recomendable que, en un principio, todas las reclamaciones se tomen en serio desde el primer momento.

Se estima que es complicado que un mecanismo de reclamación sea eficaz sin un sistema apropiado de supervisión y de rendición de cuentas a quien dirige la empresa. En una empresa pequeña, eso puede significar una simple línea de dependencia que conecte a quienquiera que se ocupe de tramitar las reclamaciones con el emprendedor. En empresas más grandes, eso supondrá habitualmente el establecimiento de unos sistemas internos de control y supervisión más sistematizados. En la asignación de las funciones de supervisión deben evitarse los conflictos de intereses, por ejemplo, entre la obligación de velar por la eficacia del mecanismo y la de defender las acciones o decisiones de determinadas partes de la empresa.

Si el nivel de confianza entre la empresa y los interesados afectados es bajo o si los riesgos relacionados con los derechos humanos son importantes, puede ser muy ventajoso recurrir a la supervisión continua del mecanismo por representantes de la empresa y de los grupos interesados afectados. Eso puede ayudar a fomentar la confianza de los grupos que han de utilizarlo y a que su accesibilidad y sus progresos se ajusten mejor a sus necesidades. Si no se considera necesario o apropiado recurrir a esa supervisión conjunta, al menos debe haber una participación mínima de los interesados afectados en su diseño o su evaluación.

El personal o las áreas de una empresa que se ocupen de las cuestiones sociales y los derechos humanos tendrán que desempeñar una función fundamental de coordinación en cualquier mecanismo de reclamación. Sin embargo, el mecanismo fracasará si se piensa que su funcionamiento es únicamente responsabilidad de esas personas; la solución y la reparación de los impactos negativos necesitarán con frecuencia de la participación de otras áreas y personas de la empresa. El papel del emprendedor, o en su caso la alta dirección, resulta especialmente importante a la hora de cuidar que ese tipo de respuesta que involucra a diversas áreas o personas ante las reclamaciones sea posible y reciba prioridad en toda la empresa, por ejemplo, a través de incentivos apropiados para el personal correspondiente.

Puede ser necesario y conveniente que el personal o las áreas de la empresa, cuyas acciones o decisiones influyan en los presuntos impactos negativos sobre los derechos humanos, participen en las investigaciones iniciales a nivel interno. Cuando eso no sea apropiado, porque pueda dar lugar a un conflicto de intereses o suponga un riesgo para las personas, todavía podrán participar facilitando información a los encargados de la investigación. Pueden ayudar a elaborar posibles soluciones para la reparación, una vez más, siempre que sea apropiado. También desempeñarán un papel esencial cuidando que la empresa aprenda de esas experiencias para evitar que puedan repetirse o para mitigar sus efectos si llegaran a hacerlo.

En los Principios Rectores se pone de relieve repetidamente la importancia de la participación de los interesados en el proceso de debida diligencia en materia de derechos humanos en cualquier empresa que suponga un riesgo significativo en relación con los mismos. Un mecanismo de reclamación eficaz no es un sustituto de esa amplia participación de los interesados sino, más bien, un importante complemento. Con el establecimiento de un mecanismo de reclamación, por bueno que sea, sin contar con procesos para la participación más amplia de los interesados, se corre el riesgo de dar a entender a los afectados que la empresa solamente quiere saber de ellos cuando tengan verdaderos problemas.

De igual forma hay que señalar que en los Principios Rectores se reconoce también que no es necesario que las empresas pequeñas o medianas mantengan una relación directa con los interesados afectados si su riesgo en relación con los derechos humanos es limitado y el mantenimiento de esa relación supone un verdadero problema por motivos geográficos, financieros o de otro tipo. Esas empresas habrán de buscar otros medios para recabar información y conocer los puntos de vista acerca de sus posibles impactos negativos sobre los derechos humanos. En el caso de esas empresas, contar con un mecanismo de reclamación simple, pero eficaz, puede ser un modo de asegurarse de que pueden identificar los problemas planteados directamente por quienes se vieran afectados.

Lo apropiado es que una empresa grande o que plantee riesgos importantes en relación con los derechos humanos, establezca su propio mecanismo de reclamación. Las empresas pequeñas y medianas con riesgos limitados en relación con los derechos humanos deben establecer también mecanismos de reclamación que, aunque sean sencillos, puedan satisfacer los criterios de eficacia. Sin embargo, las empresas pueden considerar también la posibilidad de participar en un mecanismo de reclamación dependiente de una organización externa, siempre que ofrezca probabilidades similares para la identificación y reparación tempranas de los impactos negativos. Pueden mencionarse, por ejemplo, una línea telefónica dedicada o un servicio de reparación facilitados por una organización externa, gubernamental, empresarial, gestionada por una ONG o de múltiples interesados. Es necesario examinar esos mecanismos para verificar que satisfacen los criterios de eficacia y poder corregir las deficiencias que se detecten.

Otra cosa que puede hacer una empresa es establecer su propio mecanismo y utilizar recursos externos y compartidos para ayudar a reducir sus costos o potenciar su capacidad y su eficacia. Pueden mencionarse como ejemplos, permitir que una ONG que goce de la confianza de los interesados actúe como centro de acceso y mantenga una relación con la empresa para encontrar solución a las reclamaciones legítimas. Una ONG de ese tipo puede desempeñar esa función para más de una empresa, bien sea sobre la base de una financiación independiente o con cargo a un fondo conjunto de las distintas empresas, siempre que eso no menoscabe su credibilidad. Los sindicatos legítimos deben desempeñar ese tipo de función con respecto, como mínimo, a los trabajadores que representan. Varias empresas pueden también aportar pequeñas contribuciones financieras en apoyo de una institución local para que preste asesoramiento experto a los autores de las reclamaciones o facilite el recurso a la mediación si resultara necesario.

Con base en lo señalado por el Principio Rector 29, en el proceso de construcción de un mecanismo de reclamación, el emprendedor podría plantearse las siguientes preguntas:

1. ¿Disponemos de un mecanismo que se ocupe, al menos en parte, de las reclamaciones?
2. En ese caso, ¿está abierto a todos los posibles interesados afectados o es necesario ampliar su alcance? ¿Tiene capacidad para abordar cualquier tipo de impactos negativos o es necesario ampliarlo para que pueda hacerlo?
3. ¿Hay una línea de supervisión del mecanismo de reclamación en los altos niveles de la dirección y un proceso de rendición de cuentas por su funcionamiento?
4. ¿Existen posibilidades para realizar una supervisión conjunta del mecanismo con representantes de los grupos interesados que pueda aportar ventajas? En caso contrario, ¿cómo podemos al menos solicitar información de los grupos de interesados afectados

acerca del funcionamiento del mecanismo y las posibles mejoras?

5. ¿Se contempla en el mecanismo la posibilidad de que todas las áreas o funciones pertinentes de la empresa participen en la investigación y solución de las reclamaciones, evitando siempre los conflictos de intereses o el riesgo para las personas?
6. Si las limitaciones de recursos dificultan el establecimiento de un mecanismo de reclamación autónomo, ¿podemos participar en un sistema de recursos compartidos que lo haga viable o, en otro caso, participar en un mecanismo externo eficaz?

Características de un mecanismo de reclamación

Los mecanismos de reclamación, tanto los de gobierno como de nivel operacional (en la empresas), tienen que ser eficaces para proporcionar una reparación a los afectados por las violaciones de los derechos humanos relacionadas con la empresa. Un mecanismo de nivel operacional verdaderamente eficaz puede aportar las ventajas que se mencionaron anteriormente, incluida la pronta detección de los problemas, la búsqueda de soluciones rápida y acordadas, el aumento de la confianza y la ausencia de protestas públicas, litigios y demás formas de enfrentamiento.

Un mecanismo de reclamación mal diseñado o mal administrado puede distorsionar la evaluación de la forma en que se están gestionando los riesgos relacionados con los derechos humanos. Podría generar expectativas de que se tendrán en cuenta las preocupaciones sin disponer de los procesos necesarios para hacerlas realidad. En los peores casos, un mecanismo de reclamación ineficaz puede agravar el sentimiento de agravio de los interesados.

Por ello es importante que los mecanismos de reclamación de nivel operacional satisfagan ciertas características que ayuden a garantizar su eficacia. Estas características, de acuerdo al Principio Rector 31, son:

- *Legítimos*: suscitar la confianza de los grupos de interés a los que están destinados y responder del correcto desarrollo de los procesos de reclamación.
- *Accesibles*: ser conocidos por todos los grupos interesados a los que están destinados y prestar la debida asistencia a los que puedan tener especiales dificultades para acceder a ellos.
- *Predecibles*: disponer de un procedimiento claro y conocido, con un calendario indicativo de cada etapa, y aclarar los posibles procesos y resultados disponibles, así como los medios para supervisar la implementación.
- *Equitativos*: asegurar que las víctimas tengan un acceso razonable a las fuentes de información, el asesoramiento y los conocimientos especializados necesarios para entablar un proceso de reclamación en condiciones de igualdad, con plena información y respeto.
- *Transparentes*: mantener informadas a las partes en un proceso de reclamación sobre su evolución, y ofrecer suficiente información sobre el desempeño del

mecanismo, con vistas a fomentar la confianza en su eficacia y salvaguardar el interés público que esté en juego.

- *Compatibles con los derechos*: asegurar que los resultados y las reparaciones sean conforme a los derechos humanos internacionalmente reconocidos.
- *Una fuente de aprendizaje continuo*: adoptar las medidas pertinentes para identificar experiencias con el fin de mejorar el mecanismo y prevenir agravios y daños en el futuro.
- *Basarse en la participación y el diálogo*: consultar a los grupos interesados a los que están destinados sobre su diseño y su funcionamiento, con especial atención al diálogo como medio para abordar y resolver los agravios.

Los criterios mencionados se elaboraron a través de un proceso de investigación, consulta y prueba por parte de la ONU. Hay otras formas de explicar algunos de ellos o designar o agrupar las cuestiones que abarcan. Sin embargo, en los elementos básicos que se mencionan se facilita un conjunto de parámetros de referencia para asegurarse de que un mecanismo pueda aprovechar las ventajas y evitar inconvenientes. Esos criterios deben tomarse en conjunto, puesto que están interrelacionados, la exclusión de uno de ellos debilitará la capacidad para satisfacer los demás y hará que el mecanismo, en su conjunto, sea menos eficaz.

Como se ha señalado en párrafos anteriores, para que un mecanismo de reclamación sea eficaz se necesita que todas las áreas o funciones, así como el emprendedor o los niveles directivos superiores, lo apoyen en principio y en la práctica. También convendrá incluir al personal o las áreas competentes en el desarrollo de un mecanismo de ese tipo para que comprendan sus objetivos y las normas que ha de satisfacer, y presten apoyo al modelo desarrollado. Es especialmente importante que el personal sienta que escuchar los problemas no constituye una amenaza, sino que es algo constructivo y necesario para que la empresa pueda aprender y tener éxito a lo largo del tiempo.

Es importante que la empresa elabore un sistema de evaluación apropiado que le ayude a determinar la eficacia del mecanismo en la práctica. Puede ser conveniente recabar la participación de los interesados acerca de qué elementos deben incluirse en esa valoración, a fin de asegurarse de que su punto de vista sobre lo que es el *éxito* se refleje de manera apropiada.

Una empresa debe mirar con suspicacia las interpretaciones fáciles del significado de algunos indicadores numéricos. Una reducción del número de reclamaciones a lo largo del tiempo puede indicar que la empresa esté aprendiendo de las reclamaciones recibidas en el pasado y esté impidiendo que vuelvan a producirse, pero también puede advertir que los interesados están perdiendo la confianza en el mecanismo y tal vez busquen otras formas de hacer públicas sus quejas. Del mismo modo, un aumento en el número de reclamaciones, al menos inicialmente o después de un acontecimiento importante, puede indicar que el mecanismo goza de confianza y funciona, o que cada vez hay más problemas. Los indicadores cualitativos, incluida la información recibida de aquellos a los que va dirigido el mecanismo (y no solo quienes lo han utilizado en realidad), resultan importantes a la hora de interpretar esos datos de manera precisa.

Se sugiere que el emprendedor, para estar en concordancia con el Principio Rector 31, al momento de evaluar las características del mecanismo de reclamación que se está utilizando en su empresa, se formule las siguientes preguntas:

1. ¿Cómo se sitúan los mecanismos de reclamación de que disponemos cuando se aplican estas características?
2. ¿Cómo podemos recabar la opinión de los usuarios a los que va dirigido el mecanismo acerca de su valoración?
3. ¿Pueden resolverse las deficiencias que se detecten mediante ajustes de los procesos de que disponemos o conviene diseñar un proceso nuevo? En ese último caso, ¿podemos recabar la participación de los representantes de los grupos de usuarios a los que va dirigido (interesados afectados) en el diseño?
4. ¿Qué medidas debemos adoptar a largo plazo para evaluar la eficacia continua del mecanismo?
5. ¿Qué seguridad tenemos en la forma de interpretar los datos cuantitativos sobre el funcionamiento del mecanismo y cómo podemos complementarlo con medidas cualitativas?

CUESTIONES DE CONTEXTO

Deberes en cualquier contexto

De acuerdo con el Principio Rector 23, la responsabilidad de respetar los derechos humanos existe en todos los contextos. Es una norma uniforme que tiene sus raíces en la expectativa universal de que las empresas no deben menoscabar la dignidad de las personas con la realización de sus actividades. Eso facilita la previsibilidad de la relación para las empresas y las personas de su entorno. No obstante, los riesgos relacionados con los derechos humanos derivados de las actividades y las relaciones comerciales de una empresa variarán frecuentemente dependiendo de los contextos específicos en que opere. Esos contextos pueden plantear dilemas o problemas particulares para las empresas en sus esfuerzos por cumplir su responsabilidad de respetar los derechos humanos, por ejemplo, cuando los requisitos locales parezcan obligar a una empresa a actuar de una manera contraria a los derechos humanos internacionalmente reconocidos. Las compañías necesitan estar preparadas con una *brújula* básica que les ayude cuando se encuentren en esas situaciones, ya que, por definición, no habrá respuestas fáciles o establecidas.

Un emprendedor reconoce que las responsabilidades de su empresa para con la sociedad comienzan con el cumplimiento de la ley. La responsabilidad de respetar los derechos humanos se refleja a menudo, al menos parcialmente, en las leyes y los reglamentos. El concepto del cumplimiento de la ley requiere que las empresas cumplan las leyes y los reglamentos nacionales relativos a la protección de los derechos humanos, incluso cuando la capacidad del gobierno para imponer la observancia de esas leyes en la práctica es débil.

No obstante, la responsabilidad de respetar los derechos humanos va más allá del cumplimiento de las leyes y los reglamentos nacionales que velan por la protección de los derechos humanos y entraña el respeto de todos los derechos humanos internacionalmente reconocidos. Así pues, esa responsabilidad existe también cuando no hay leyes o reglamentos nacionales que velen por la protección de esos derechos. Por el mismo motivo, cuando las leyes y los reglamentos nacionales ofrecen un nivel de protección de los derechos humanos que no satisface las normas internacionalmente reconocidas, las empresas deben atenerse a las normas más exigentes.

En resumen, la responsabilidad de respetar los derechos humanos, como norma de conducta mundial exigible a todas las empresas en todas las situaciones, supone claridad y previsibilidad para las empresas que se enfrentan a diferentes expectativas y exigencias. Significa también que las empresas no deben aprovecharse de aquellos entornos operacionales en que la protección de los derechos humanos sea insuficiente para relajar sus propias normas de conducta.

En algunos contextos donde la empresa opera, las leyes, los reglamentos o las costumbres pueden exigir (en contraposición con simplemente permitir) a las empresas que actúen de una forma incompatible con su responsabilidad de respetar los derechos humanos internacionalmente reconocidos. Esas exigencias pueden, por ejemplo, guardar relación con los derechos de las mujeres, los derechos laborales o el derecho a la intimidad. Ese tipo de situación enfrenta a las empresas con un dilema en que tienen que cumplir todas las leyes y, al mismo tiempo, hacer frente a su responsabilidad de respetar los derechos humanos en todos los contextos.

El proceso de debida diligencia en materia de derechos humanos de una empresa debería alertarle de cuándo puede producirse esa clase de dilema y qué medidas pueden adoptarse para prevenir o mitigar el riesgo. Si existe un conflicto directo entre las exigencias, el problema consiste en encontrar la forma de respetar los principios de los derechos internacionalmente reconocidos. Al igual que sucede con algunas otras cuestiones, puede decirse que no hay un manual que indique cómo se ha de responder. No obstante, cuanto más haya integrado una empresa el respeto de los derechos humanos en sus valores y cuanto más haya preparado a su personal para hacer frente a dilemas éticos por medio de la formación, el entrenamiento con situaciones hipotéticas, las experiencias adquiridas, los árboles de decisión y procesos similares, más probabilidades tendrá de encontrar respuestas apropiadas y oportunas.

Comprender la naturaleza, el alcance y las repercusiones exactas de las exigencias contrapuestas es un importante primer paso para encontrar la forma de abordar el dilema.

Tal vez los requisitos locales sean más ambiguos de lo que se pensó en un primer momento o el conflicto puede haberse sobrevalorado de algún otro modo. Detectar esa circunstancia ofrece posibilidades para mitigar el conflicto; tal vez sea posible solicitar aclaraciones al gobierno o a las autoridades locales acerca del alcance de cualquier exigencia incompatible o incluso impugnarla. Eso serviría a la vez para ayudar a reducir los riesgos para la población y para la empresa y para dejar claro ante los interesados el compromiso de la empresa de respetar los derechos humanos. Tal vez otras empresas del mismo sector hayan elaborado criterios que puedan utilizarse para mitigar los perjuicios para los derechos humanos. Por ejemplo, algunas empresas que desempeñan sus actividades en lugares en donde la libertad de asociación está restringida han establecido procesos paralelos para mantener la relación con los trabajadores.

Si una empresa no puede encontrar soluciones inmediatas o evidentes, sería adecuado que solicitara la opinión de los expertos e interesados pertinentes, incluidos, cuando sea posible, los grupos o personas cuyos derechos puedan verse afectados por esas exigencias contrapuestas. Las empresas tienen que ser conscientes en todo momento de los riesgos que una línea de actuación concreta pueda plantear para los interesados afectados y tenerlos en cuenta a la hora de adoptar decisiones.

Es especialmente probable que cuando las empresas se enfrenten a problemas de este tipo su conducta sea objeto de un escrupuloso escrutinio por parte de los interesados. Las empresas deben mantenerse en situación de dar cuenta de sus esfuerzos por mantener el respeto de los derechos humanos en esas situaciones, y a menudo será aconsejable que faciliten informes al respecto, siempre que al hacerlo así no aumente los riesgos relacionados con esos derechos.

En las raras ocasiones en que la legislación u otras instancias sitúen a una empresa en peligro de verse involucrada en violaciones graves de los derechos humanos, debe considerar cuidadosamente si puede seguir operando con integridad en esas circunstancias, y cómo puede hacerlo, teniendo en cuenta también las repercusiones que la interrupción de sus actividades pudiera tener en los derechos humanos.

Si las empresas corren el riesgo de verse involucradas en violaciones graves de los derechos humanos, la prudencia aconseja que aborden ese riesgo de la misma manera que podrían tomar el riesgo de verse involucradas en un delito grave, esté o no clara la posibilidad de que puedan exigírseles responsabilidades ante los tribunales. Eso es así por la gravedad de las violaciones de los derechos humanos en cuestión y también por el riesgo legal o jurídico cada vez mayor que corren las empresas como resultado de la participación en esas violaciones.

Las empresas pueden causar violaciones graves de los derechos humanos por sus propias actividades, por ejemplo, si tratan a los trabajadores de una manera que pueda asimilarse a un trato cruel, inhumano o degradante. También pueden contribuir a violaciones graves de los derechos humanos cometidas por otras entidades, por ejemplo, las fuerzas de seguridad. Esa contribución indirecta a las violaciones graves de los derechos humanos puede dar lugar a acusaciones de complicidad.

Los antecedentes recientes de la actividad jurídica, principalmente en forma de demandas de responsabilidad civil, contra las empresas por su participación en violaciones graves de los derechos humanos revela un conjunto desigual, pero creciente, de responsabilidades legales de las empresas. Debido a la naturaleza de los riesgos relacionados con los derechos humanos en cuestión, las empresas deberían tratar todos los casos de riesgo de verse involucradas en violaciones graves de los derechos humanos como una cuestión de cumplimiento de la ley, sea cual fuere la situación de legalidad en la zona en que se desarrolle la actividad empresarial.

El riesgo de verse involucrados en violaciones graves de los derechos humanos tiende a estar más generalizado en los contextos en que no hay instituciones ni protección jurídica eficaces por parte del gobierno o cuando hay pautas muy arraigadas de discriminación grave. Esos contextos deben alzar automáticamente una bandera roja dentro de la empresa y poner en marcha procesos de debida diligencia en materia de derechos humanos que estén bien afinados y sean sensibles a ese mayor riesgo.

Cuando realicen o pretendan realizar actividades en contextos que planteen desafíos especiales para la capacidad de una empresa a respetar los derechos humanos, muchas empresas encontrarán dificultades a la hora de evaluar directamente los riesgos. De ser así, deben solicitar asesoramiento de fuentes externas fiables, incluidas las organizaciones de la sociedad civil que trabajen en esa zona o que informen sobre la situación imperante en ella. Cuando convenga, también pueden solicitar asesoramiento de los gobiernos. Las Comisiones de Derechos Humanos pueden ser otra valiosa fuente de asesoramiento. Trabajar con asociados comerciales, órganos asociativos de la industria o iniciativas de múltiples interesados puede también ayudar a las empresas a diseñar enfoques que se adapten de manera más precisa a los riesgos relacionados con los derechos humanos que plantean esas complejas circunstancias.

Siguiendo el propósito del Principio Rector 23, en relación con analizar si la empresa se encuentra en un contexto problemático para respetar los derechos humanos, es recomendable que el emprendedor se pregunte lo siguiente:

1. ¿Realizamos actividades en un contexto en el que la legislación nacional en materia de derechos humanos sea débil, adolezca de falta de vigilancia del cumplimiento o no exista? ¿Abordan nuestros procesos de debida diligencia esos factores y sus repercusiones en los riesgos relacionados con los derechos humanos?
2. ¿Tienen perfectamente claro todo el personal y todos aquellos con quienes mantenemos relaciones comerciales en esos contextos que nos esforzamos por respetar todos los derechos humanos internacionalmente reconocidos? ¿Comprenden todos ellos lo que eso significa?
3. ¿Realizamos actividades en algún contexto en que se planteen exigencias contrapuestas entre la legislación nacional y los derechos humanos internacionalmente reconocidos?
4. En ese caso, ¿qué certeza tenemos de que la legislación nacional y las normas internacionales no puedan

hacerse compatibles? ¿Hay posibilidades de acercarse a las autoridades en busca de una solución sin aumentar los riesgos relacionados con los derechos humanos?

5. ¿Hay alguna forma establecida de abordar este conflicto de exigencias o algún ejemplo de que otras empresas lo hayan hecho con éxito?
6. Si nos encontramos con dilemas en la práctica, ¿a quién podemos dirigirnos para que nos ayude a encontrar la mejor respuesta posible? ¿Es posible incluir en ese proceso a representantes de los interesados afectados?
7. ¿Qué procesos tenemos en marcha para dar cuenta de nuestras decisiones y nuestros actos en esas situaciones?
8. Si los requisitos locales nos hicieran correr el riesgo de vernos involucrados en violaciones graves de los derechos humanos, ¿a través de qué procesos, y con la participación de qué nivel jerárquico, adoptaremos la decisión de si podemos permanecer en ese lugar y en qué condiciones?
9. ¿Contemplamos en nuestra empresa la posibilidad de vernos involucrados en violaciones graves de los derechos humanos de la misma forma que contemplaríamos una cuestión de cumplimiento de la ley? ¿Quién tiene que participar y en qué fase debe hacerlo para velar por que eso sea así?
10. Si nosotros o aquellos con quienes mantenemos relaciones comerciales realizamos actividades en zonas afectadas por conflictos ¿Conduce esa situación automáticamente a la utilización de un proceso de debida diligencia más riguroso dentro de la empresa?

11. ¿Cómo procedemos a evaluar la situación en materia de derechos humanos y sus repercusiones en nuestra empresa en las zonas afectadas por conflictos? ¿Qué recursos debemos emplear?

Prioridad de las medidas

No hay un orden jerárquico cuando se trata de los derechos humanos. Estos se consideran indivisibles, interdependientes e interrelacionados. No obstante, es posible que una empresa no pueda abordar siempre de manera inmediata todos los impactos negativos sobre los derechos humanos. Hay un número importante de empresas que desarrollan sus actividades en diferentes contextos, interactúan con cadenas de suministro complejas y tienen multitud de socios comerciales. La capacidad de la empresa para abordar inmediatamente todos los impactos negativos que se le presenten puede verse afectada debido a restricciones logísticas y de recursos.

Los procesos de debida diligencia y de reparación tienen el propósito de ayudar a las empresas a reducir al mínimo los impactos negativos sobre los derechos humanos que se relacionen con sus actividades, productos y servicios. Si todos esos impactos negativos no pueden razonablemente abordarse a la vez, el emprendedor debe prestar atención prioritaria a aquellos que puedan causar los daños más graves en la población. Eso significa dar prioridad a los impactos negativos que sean, o puedan ser, más graves por su alcance o magnitud o aquellos que pudieran convertirse en irremediables si se retrasara la respuesta. Tan pronto como se hayan abordado los impactos negativos más graves, la empresa deberá enfrentar a los que tengan el siguiente grado de gravedad, y así se hará hasta que haya hecho frente a todos sus impactos negativos reales y potenciales sobre los derechos humanos. Es importante que el emprendedor tenga en cuenta que es probable que se trate de un ejercicio continuo que habrá de ir adaptándose a la evolución de las circunstancias.

El emprendedor debe recordar que la gravedad de los impactos negativos sobre los derechos humanos se determina por el número de personas que estén o puedan estar afectadas o por la capacidad de devolver a los afectados a una situación que sea al menos la misma o equivalente, que la situación antes de los impactos negativos. En este sentido, la indemnización económica solo tiene interés en la medida en que puede facilitar esa rehabilitación.

También el emprendedor tiene que considerar que no necesariamente hay que esperar a darle prioridad a los impactos negativos cuando se les considere graves, porque en muchas ocasiones es más difícil remediarlos. A la hora de establecer las prioridades hay que tomar en cuenta que el retraso en el tratamiento de un determinado impacto negativo puede por sí mismo hacer que sea más difícil de remediar. Por ejemplo, si se despide injustamente a unos trabajadores, el retraso en poner remedio a la situación puede forzarlos a trasladarse a otro lugar en busca de empleo, con lo que su reincorporación o reparación económica sería más difícil.

Otro elemento a considerar en las prioridades es en el caso de los impactos negativos que tienen el carácter de potencial, en vez de real. La baja probabilidad de que se produzca un impacto negativo grave sobre los derechos humanos no justifica por sí mismo que la empresa reduzca la prioridad de los esfuerzos para mitigar ese riesgo. En lugar de eso, la posibilidad de remediar el impacto potencial debe considerarse un factor fundamental a la hora de determinar si es legítimo retrasar esos esfuerzos. En resumen, en el contexto de los riesgos relacionados con los derechos humanos, la gravedad de los riesgos reales o potenciales debe ser el factor dominante.

En diversas situaciones, para las empresas es claro identificar qué tipo de impactos negativos son graves o irremediables, por ejemplo, las que afectan el derecho a la vida y a la salud de las personas o las que dañan de manera fundamental el bienestar de comunidades o grupos enteros. En los casos en que una empresa haya determinado que corre el riesgo de verse involucrada en violaciones graves de los derechos humanos, la gestión de ese riesgo debe siempre tener prioridad.

Es posible que en otras ocasiones esté menos claro qué impactos negativos sobre los derechos humanos deben considerarse más graves o qué factores pueden afectar la posibilidad de remediarlos. La gravedad de un impacto no debe considerarse como un concepto absoluto, sino que debe evaluarse en relación con otros que la empresa haya detectado. Es aconsejable que las empresas entablen una relación, cuando sea posible, con aquellos cuyos derechos se encuentren en peligro para asegurarse de que han entendido de qué manera pueden verse afectados.

El contexto en donde opera una empresa en algunas ocasiones determina que los impactos negativos más graves sobre los derechos humanos pueden afectar a personas pertenecientes a grupos que se encuentren en un mayor riesgo de vulnerabilidad o marginación, como los niños, las mujeres, los pueblos indígenas o las personas pertenecientes a minorías étnicas o de otro tipo. En el proceso de establecer prioridades en sus respuestas a los impactos negativos sobre los derechos humanos, la empresa debe tener en cuenta la vulnerabilidad de tales los grupos y el riesgo de que el retraso en la respuesta ante determinados impactos pueda afectarles de manera desproporcionada.

El hecho de que la empresa haga frente a los problemas que considere más graves no significa que no sea necesario abordar otros impactos negativos sobre los derechos humanos detectados mediante el proceso de debida diligencia. Cuando se habla de prioridades es respecto a la secuencia con que han de tratarse las respuestas en el caso de que no todas puedan abordarse a la vez. Una empresa sigue siendo responsable de hacer frente a todos los impactos negativos reales y potenciales que pueda tener sobre los derechos humanos. El emprendedor debe tener presente que incluso algunos impactos negativos que inicialmente no se considerasen graves puedan dar lugar a violaciones más serias (o que se perciban de esa forma), si no se les hace frente de manera apropiada.

Por todo lo anterior, es recomendable que el emprendedor, antes de determinar prioridades para hacer frente a los impactos negativos, se haga las siguientes preguntas:

1. ¿Es preciso que establezcamos una secuencia en nuestra respuesta ante los impactos negativos sobre

los derechos humanos que hemos detectado o son de naturaleza tal que podemos abordarlos todos a la vez?

2. Si necesitamos establecer prioridades en la secuencia de nuestras respuestas, ¿disponemos de algún medio para evaluar la gravedad de los impactos negativos que hemos provocado?
3. En nuestros sistemas para evaluar la gravedad de los impactos negativos, ¿se tiene en cuenta el alcance, la escala y el carácter irremediable?
4. ¿Se refleja en esos sistemas el hecho de que si un impacto negativo potencial es grave debe tener carácter prioritario, sea cual sea la probabilidad de que ocurra?
5. ¿Se presta en esos sistemas atención especial a las personas pertenecientes a grupos vulnerables que puedan padecer los impactos negativos más graves sobre los derechos humanos?
6. ¿Se determinan en esos sistemas las situaciones en que el retraso en la respuesta ante un impacto negativo real puede hacer que sea más difícil de remediar?
7. Una vez abordados los impactos negativos más graves sobre los derechos humanos, ¿pasan nuestros sistemas automáticamente a los siguientes impactos negativos por orden de gravedad hasta que se han abordado todos ellos?

REFLEXIÓN FINAL

Cómo podrá observar el emprendedor, la relación entre la empresa y los derechos humanos, el significado de los derechos humanos universalmente reconocidos de una manera que tenga sentido para las actividades de su empresa, cómo los derechos humanos pueden ser relevantes para dichas actividades, y qué puede hacer para cumplir con su responsabilidad de respetar los derechos humanos; no es una tarea sencilla, pero sí de gran relevancia para el entorno en donde opera la empresa.

Si con la lectura de este documento, el emprendedor refuerza su consciencia de que todas las personas son dignas de respeto, sean quienes sean o vivan donde vivan, y que en consecuencia estará mal que se les trate como meros instrumentos para lograr el éxito económico; habrá dado un gran paso en el camino hacia lograr que su empresa respete los derechos humanos.

No necesariamente es una actitud negativa el hecho de que un emprendedor respete los derechos humanos porque ello maximizará su éxito económico a largo plazo; sin embargo, sus acciones empresariales tendrán una relevancia positiva para la sociedad, si además de estar encaminadas a respetar los derechos humanos porque así le irá mejor a la empresa, se realizan por tener la certeza de que todas las personas son merecedoras de dignidad y consideración.

Un emprendedor que respeta los derechos humanos se caracteriza porque ese respeto es motivado porque está bien hacerlo, no porque sea útil, placentero o conveniente.

REFERENCIAS

1. ACNUDH, (2011). *Principios Rectores sobre la Empresas y los Derechos Humanos.* 1ª. ed., Nueva York y Ginebra: ONU/Alto Comisionada para los Derechos Humanos.

2. ACNUDH, (2012). *La Responsabilidad de las Empresas de Respetar los Derechos Humanos.* 1ª. ed., Nueva York, USA: ONU/Alto Comisionado para los Derechos Humanos.

3. Belmont Lugo, J. L., (2017). Una aproximación a las relaciones e influencias entre los derechos humanos y los derechos laborales. En C. N. Humanos, *Los derechos humanos laborales.* 1ª. ed., México, México: CNDH, pp. 15 - 92.

4. Belmont Lugo, J. L., y Parra García, M., (2017). *Derecho humano a la seguridad social.* 1ª. ed., México, México: CNDH.

5. Bernath, B., (2010). *Torture Prevention.* 1ª. ed., Ginebra, Suiza: ACNUDH, APT y Foro Asia-Pacífico.

6. Candela Terrasa, M., Macías Navío, R., Fernández Olit, B., De la Cuesta, M., y Pardo, E., (2015). *Empresas, Derechos Humanos y Competitividad ¿Una relación imposible?* 1ª. ed., (Economistas Sin Fronteras y C. Ministerio de Asuntos Exteriores, edits.), España: Economistas Sin Fronteras.

7. Cantú Rivera, H., (2018). *La Responsabilidad de las Empresas en Materia de Derechos Humanos.* 1ª. Edición. México. Comisión Nacional de Derechos Humanos.

8. Carbonell, M., (2006). Familia, Constitución y Derechos Fundamentales. En R. M. Álvarez de Lara, *Panorama Internacional de Derecho de Familia.* 1ª. ed., vol. I, México, México: UNAM, pp. 81 - 95.

9. Carbonell, M., (2016). La libertad de asociación y de reunión en México. En C. I. Humanos, *Anuario de Derecho Constitucional Latinoamericano.* 1ª. ed., San José, Costa Rica: CoIDH, pp. 825 - 841.

10. CNDH, (2016). *El Derecho Humano al Trabajo y Derechos Humanos en el Trabajo.* México, México: Comisión Nacional de Derechos Humanos.

11. CNDH1, (2016). *Los derechos humanos.* 1ª. ed., México, México: Comisión Nacional de Derechos Humanos.

12. CONEVAL Alimentación, (2018). *Estudio Diagnóstico del Derecho a la Alimentación Nutritiva y de Calidad 2018.* 1ª. ed., México: Consejo Nacional de Evaluación de la Política de Desarrollo Social.

13. CONEVAL Educación, (2018). *Estudio Diagnóstico del Derecho a la Educación 2018.* 1ª. ed., México, México: Consejo Nacional de Evaluación de la Política de Desarrollo Social.

14. CONEVAL Vivienda, (2018). *Estudio Diagnóstico del Derecho a la Vivienda Digna y Decorosa 2018.* 1ª. ed., México, México: Consejo Nacional de Evaluación de la Política de Desarrollo Social.

15. Corte IDH, (2017). *Personas Privadas de la Libertad: Cuadernillo no. 9 de Jurisprudencia de la Corte Interamericana de Derechos Humanos.* 1ª. ed., San José, Costa Rica: Corte Interamericana de Derechos Humanos.

16. Corte IDH, (2018). *Cuadernillo de Jurisprudencia de la Corte Interamericana de Derechos Humanos no. 20 : Derechos políticos.* 1ª. ed., San José, Costa Rica: Corte Interamericana de Derechos Humanos.

17. García Ricci, D., (2013). Artículo 16 Constiticional. Derecho a la Privacidad. En S. C. Nación, *Derechos Humanos en la Constitución: Comentarios de Jurisprudencia*

Constitucional e Interamericana. 1ª. ed., vol. I, México, México: Surpema Corte de Justicia de la Nación, pp. 1,045 - 1,079.

18. González Contró, M., (2006). Los derechos fundamentales del niño en el contexto de la familia. En R. M. Álvarez de Lara, *Panorama Internacional de Derecho de Familia.* 1ª. ed., vol. I, México, México: UNAM, pp. 55 - 80.

19. González Schmal, R., (2013). Propaganda religiosa: Comentarios a la jurisprudencia relativa al artículo 24 constitucional. En S. C. Nación, *Derechos Humanos en la Constitución: Comentarios de Jurisprudencia Constitucional e Interamericana.* 1ª. ed., vol. II, México, México: SCJN, pp. 1,263 - 1290.

20. IIDH, (2018). *Derechos Humanos y Empresas: Reflexiones desde América Latina.* 1ª. ed., San José de Costa Rica, Costa Rica: Instituto Interamericano de Derechos Humanos.

21. Lara Espinosa, D., (2015). *El reconocimiento constitucional del derecho a la igualdad entre mujeres y hombres en Latinoamérica.* 1ª. ed., vol. 9, México, México: CNDH.

22. Lugo Garfías, M. E., (2015). *El Derecho a la Salud en México. Problemas de su Fundamentación.* 1ª. ed., México, México: Comisión Nacional de los Derechos Humanos.

23. Medina, B., (10 de Mayo de 2017). *Anmistía Internacional.* Recuperado el 12 de julio de 2019, de https://www.amnistia.org/ve/blog/2017/05/2472/derecho-a-la-autoderminacion-de-los-pueblos-indigenas

24. Monash University, Castan Centre for Human Rights Law, (2017). *Human Rigths Translated 2.0. A Bussiness Reference Guide.* 2nd Edition, O. U. Monash University, Ed., USA.

25. Monge Núñez, G., y Rodríguez Rescia, V., (2014). *Acceso a la Justicia de Grupos en Situación de Vulnerabilidad. Manual General de Litigio en el Sistema Interamericano con enfoque diferenciado.* 1ª. ed., San José, Costa Rica: Instituto Interamericano de Derechos Humanos.

26. OIT para América Central, (2019). *Derechos Fundamentales en el Trabajo.* 1ª. ed., San José de Costa Rica, Costa Rica: Organizacoión Internacional del Trabajo.

27. ONU, (2014). *Los Derechos Humanos y la Trata de Personas.* Nueva York y Ginebra: ONU.

28. OIT, (2010). *Declaración de la OIT relativa a los Principios y Derechos Fundamentales en el Trabajo y su seguimiento.* 2ª. ed. con anexo revisado, Ginebra, Suiza: Organización Internacional del Trabajo.

29. Pérez Johnston, R., (2013). Artículo 16. Actos de Molestia. En S. C. Nación, *Derechos Humanos en la Constitución: Comentarios de Jurisprudencia Constitucional e Interamericana.* 1ª. ed., vol. II, México, México: SCJN/UNAM/Konrad Adenauer Stiftung, pp. 1,533 - 1,562.

30. Pelayo Moller, C. M., (2013). *Las reformas constitucionales en materia de Derechos Humanos.* 2ª. ed. México, México: CDHDF.

31. Ponce Nava T., D., (2018). *El derecho humano al agua y el saneamiento en México.* 1ª. ed., vol. 4, México, México: Suprema Corte de Justicia de la Nación.

32. Pou Giménez, F., (2013). La libertad de expresión y sus límites. En S. C. Nación, *Derechos Humanos en la Constitución: Comentarios de Jurisprudencia Constitucional e Interamericana.* 1ª. ed., vol. I, México, México: SCJN/UNAM/Konrad Adenauer Stiftung, pp. 901 - 948.

33. Ruíz Cruz, M. G., (2018). *Conoce tus Derechos Humanos en el Nuevo Sistema Penal Acusatorio.* 1ª. reimpresion, ed., México, México: CNDH.

34. Salazar Ugarte, P., y Gutiérrez Rivas, R., (2008). *El Derecho a la Libertad de Expresión frente al Derecho a la No Discriminación.* 1ª. ed., México, México: Instituto de Investigaciones Jurídicas/UNAM.

35. Shift and Mazars, (2015). *UNGP Reporting Framework.* United Kingdom: Shift an Mazars. Recuperado el 24 de junio de 2019.

36. Tapiola, K., (2018). *La Declaración relativa a los Principios y Derechos Fundamentales en el Trabajo de 1998 - Una poderosa herramienta de la OIT.* 1ª. ed., Ginebra, Suiza: Organización Internacional del Trabajo.

37. Tello Moreno, L. F., (2011). *Panorama general de los DESCA en el Derecho Internacional de los Derechos Humanos.* 1ª. ed., México, México: CNDH.

38. Universidad para la Paz, (2015). *Guía de Formación de Formadores: Construyendo Capacidades para la Integración de los Derechos Humanos en la Responsabilidad Social Internacional.* 1ª. ed., San José de Costa Rica, Costa Rica: Universidad para la Paz.

39. Universidad para la Paz, (2015). *Manual de Buenas Prácticas: Construyendo Capacidades para la Integración de los Derechos Humanos en la Responsabilidad Social Empresarial.* 1ª. ed., San José de Costa Rica, Costa Rica: Universidad para la Paz.

40. Witker Velázquez, J., (2016). *Derechos de las Personas Extranjeras. Nuestros Derechos.* 2ª. ed., México, México: UNAM.

41. Zariñán Martínez, L., (2018). *Leyes para Protección del Niño.* 1ª. ed., México, México: CNDH.

Made in the USA
Coppell, TX
05 November 2026

11307222R00142